Cholesterin Senken und Zuckerfreie Ernährung Kochbuch

Das große 2-in-1 Kochbuch mit leckeren Rezepten zur natürlichen Senkung des Cholesterinspiegels und für eine gesunde Ernährung ohne Zucker.

Inhalt

Cholesterin Senken

Vorwort

Liebe Leserin, lieber Leser,

als Autorin und leidenschaftliche Köchin, die stets auf der Suche nach neuen, inspirierenden Ideen für die Küche ist, habe ich es mir zur Aufgabe gemacht, die cholesterinarme Küche in den Mittelpunkt zu stellen. In diesem Buch findest du daher eine Vielzahl an Rezepten, die alle eines gemeinsam haben: Sie sind liebevoll zusammengestellt, leicht nachzukochen und sie tragen dazu bei, den Cholesterinspiegel im Zaum zu halten.

Das Bewusstsein für eine gesunde Ernährung hat in den letzten Jahren enorm zugenommen und es wird immer deutlicher, dass es kaum einen besseren Weg gibt, unserem Körper Gutes zu tun, als durch eine bewusste Lebensmittelauswahl. Das Ziel dieses Buches ist es, dich auf deinem persönlichen Weg zu einem gesunden Lebensstil zu begleiten und dir zu zeigen, dass eine cholesterinarme Ernährung nicht bedeutet, dass du auf Genuss verzichten musst. Ganz im Gegenteil: Die Rezepte in diesem Buch beweisen, dass eine gesunde Ernährung und Genuss Hand in Hand gehen können.

Ich hoffe, dass du durch dieses Kochbuch die Freude am Entdecken und Ausprobieren neuer Rezepte findest. Denn am Ende des Tages geht es nicht nur darum, was wir essen, sondern auch darum, wie wir es zubereiten und genießen. Es ist die Leidenschaft, die Hingabe und die Liebe, die wir in die Zubereitung unserer Mahlzeiten stecken, die sie zu etwas Besonderem machen.

Nun wünsche ich dir viel Spaß beim Ausprobieren der Rezepte und beim Entdecken neuer Lieblingsgerichte. Möge dieses Buch dich auf deinem Weg zu einem gesunden und genussvollen Lebensstil begleiten.

Deine Carina Lehmann

Anmerkung zu den Rezepten

Du magst dich fragen, warum in diesem Kochbuch auf Bilder verzichtet wurde. Eine ungewöhnliche Wahl, das ist mir bewusst, denn wir leben in einer visuell stark orientierten Welt, in der ein Bild oft mehr als tausend Worte zu sagen scheint. Doch gerade im Kontext der Kulinarik glaube ich, dass diese bildlastige Herangehensweise uns manchmal die Möglichkeit nimmt, unsere eigene kreative Interpretation zu entwickeln und uns auf das Wesentliche zu konzentrieren: den Geschmack, die Aromen und die Freude am Kochen.

Stell dir vor, du blätterst durch ein Kochbuch, siehst ein wunderbares Foto eines Gerichts und denkst: „Das möchte ich kochen". Das Bild setzt eine Erwartung. Es formt eine Vorstellung davon, wie das Endergebnis aussehen sollte. Doch was passiert, wenn dein Gericht nicht genau so aussieht wie auf dem Bild? Fühlst du dich dann als hättest du versagt? Dabei geht es beim Kochen doch eigentlich um den Prozess, die Erfahrung und letztendlich den Geschmack – nicht um die Perfektion eines Food-Fotos.

In diesem Kochbuch fehlen die Bilder bewusst. Ohne Bilder bist du frei, dir eigene Vorstellungen zu machen, wie dein Gericht aussehen könnte. Du hast die Freiheit, zu experimentieren, zu variieren und dein eigenes, einzigartiges Gericht zu kreieren.

Zusätzlich lege ich großen Wert darauf, dass du das Kochen als kreativen Prozess erlebst. Jedes Gericht, das du zubereitest, ist Ausdruck deiner Persönlichkeit, deiner Vorlieben, deines Geschmacks. Ohne vorgefertigte Bilder bist du der Künstler, der sein eigenes Kunstwerk schafft – einzigartig und individuell.

In diesem Sinne lade ich dich ein, dich auf diese besondere kulinarische Reise einzulassen. Lass dich von deiner Vorstellungskraft und deinen Geschmacksknospen leiten, nicht von Hochglanzbildern. Ich bin sicher, du wirst dabei ganz neue Seiten des Kochens entdecken.

Smoothies & Shakes

Grüner Wachmacher-Smoothie

Zubereitungszeit: 10 Minuten
Portionen: 1 Person

Zutaten:

- 200 ml kaltes Wasser
- 1 reife Banane, in Stücken
- 1 Handvoll frischer Spinat, gewaschen und getrocknet
- 1 Stange Sellerie, gewaschen und in kleine Stücke geschnitten
- 1 kleines Stück Ingwer, geschält und gewürfelt
- 1 TL Chia-Samen
- 2 TL Bio-Zitronensaft, frisch gepresst
- 1 EL Honig, optional für extra Süße

Zubereitung:

1. Nimm deinen Lieblingsmixer und gieße das kalte Wasser hinein.
2. Füge die Bananenstücke, den Spinat, die Selleriestücke und den gewürfelten Ingwer hinzu.
3. Gib nun die Chia-Samen und den frisch gepressten Zitronensaft in den Mixer.
4. Falls du einen süßeren Smoothie bevorzugst, füge den Honig hinzu.
5. Schließe den Deckel deines Mixers sicher und mixe alle Zutaten auf hoher Stufe, bis sie glatt und gut vermischt sind. Das sollte etwa 1-2 Minuten dauern.
6. Schau nach, ob der Smoothie die gewünschte Konsistenz hat. Falls er zu dick ist, kannst du etwas mehr Wasser hinzufügen und nochmals mixen.
7. Fülle den Smoothie in dein Lieblingsglas und genieße deinen Smoothie sofort, um alle Vitamine und Nährstoffe zu erhalten.

Mango-Avocado-Smoothie

Zubereitungszeit: 5 Minuten
Portionen: 1 Person

Zutaten:

- 1 reife Mango, geschält und in Würfel geschnitten
- 1 reife Avocado, halbiert und entkernt
- 250 ml kaltes Wasser
- 1 EL Honig
- 1 EL Chia-Samen
- 1 TL Bio-Limettensaft

Zubereitung:

1. Nimm die Mango und schneide sie in kleine Würfel. Die Avocado halbierst du, entfernst den Kern und löst das Fruchtfleisch aus der Schale.

2. Gib die Mango, Avocado, Honig, Chia-Samen und Limettensaft in einen Mixer.

3. Füge das kalte Wasser hinzu und mixe alles zusammen, bis ein glatter und cremiger Smoothie entsteht.

4. Lasse den Smoothie etwa 2 Minuten ruhen. Durch das Ruhen quellen die Chia-Samen auf und geben dem Smoothie eine angenehme Konsistenz.

5. Nach der Ruhezeit kannst du den Smoothie erneut kurz durchmixen und dann sofort servieren. Genieße diesen gesunden und leckeren Smoothie als erfrischenden Start in den Tag oder als Zwischenmahlzeit.

Beeren Power-Smoothie

Zubereitungszeit: 10 Minuten
Portionen: 1 Person

Zutaten:

- 80 g frische Himbeeren, gewaschen und abgetropft
- 80 g frische Blaubeeren, gewaschen und abgetropft
- 100 g frischer Spinat, gewaschen und abgetropft
- 200 ml Mandelmilch, ungesüßt
- 20 g Leinsamen, geschrotet
- 1 EL Honig, Optional für zusätzliche Süße
- 1/2 reife Banane, geschält und in Scheiben geschnitten

Zubereitung:

1. Nimm deinen Mixer zur Hand und füge zuerst die flüssige Zutat hinzu. Gieße die Mandelmilch hinein.

2. Füge dann die festen Zutaten hinzu. Beginne mit dem Spinat, gefolgt von den Himbeeren und Blaubeeren. Gib nun die Bananenscheiben dazu und streue die Leinsamen darüber.

3. Für eine leichte Süße kannst du, wenn du möchtest, einen EL Honig hinzufügen. Dieser Schritt ist jedoch optional und abhängig von deinem persönlichen Geschmack.

4. Schließe den Mixer und verarbeite alle Zutaten auf höchster Stufe zu einem glatten Smoothie. Je nach Leistung des Mixers dauert dies etwa 1-2 Minuten.

5. Schau nach dem Mixen, ob der Smoothie die gewünschte Konsistenz hat. Wenn er zu dickflüssig ist, kannst du etwas mehr Mandelmilch hinzufügen und erneut mixen.

6. Sobald du zufrieden bist, gieße deinen Smoothie in ein Glas und genieße ihn sofort.

Feuriger Ingwer-Kurkuma-Shake

Zubereitungszeit: 10 Minuten
Portionen: 1 Person

Zutaten:

- 200 ml Mandelmilch, ungesüßt
- 1 frische Ingwerwurzel (etwa
2 cm), geschält und gewürfelt
- 1/2 TL Kurkuma, gemahlen
- 1 kleine reife Banane, geschält und in Scheiben geschnitten
- 1 EL Chia-Samen
- Eine Prise Cayennepfeffer
- 1 EL Honig oder Agaven-
dicksaft (optional, für zusätzliche Süße)
- 1 EL Bio-Zitronensaft

Zubereitung:

1. Gieße die Mandelmilch in einen Mixer.

2. Füge die gewürfelte Ingwerwurzel, den gemahlenen Kurkuma, die Bananenscheiben, die Chia-Samen und die Prise Cayennepfeffer hinzu.

3. Falls du möchtest, kannst du nun noch den Honig oder Agavendicksaft
für eine süße Note dazugeben.

4. Mixe alles gut durch, bis die Mischung schön cremig ist.

5. Gib den Zitronensaft dazu und mixe erneut kurz durch.

6. Lass deinen Shake für etwa 5 Minuten ruhen, damit die Chia-Samen
quellen können.

7. Gieße den Shake in ein Glas und genieße ihn frisch!

Süßkartoffel-Kokos-Smoothie

Zubereitungszeit: 15 Minuten
Portionen: 1 Person

Zutaten:

- 200 g Süßkartoffel, geschält und in kleine Würfel geschnitten
- 200 ml Kokoswasser
- 1 EL Kokosraspeln, zum Verzieren
- 1/2 reife Banane, in Scheiben geschnitten
- 1 TL frisch geriebener Ingwer
- 2 Datteln, entsteint und gehackt
- 1 Prise Zimt
- 1 Prise Salz

Zubereitung:

1. Du bringst Wasser in einem kleinen Topf zum Kochen. Dann gibst du die Süßkartoffelwürfel hinein und kochst sie weich. Das dauert etwa 10 Minuten.

2. Während die Süßkartoffel kocht, legst du die Kokosraspeln in einer trockenen Pfanne auf mittlerer Hitze aus und röstest sie, bis sie goldbraun sind. Das dauert etwa 3 Minuten. Dann stellst du sie beiseite.

3. Nachdem die Süßkartoffel fertig gekocht ist, gießt du das Wasser ab und lässt die Süßkartoffelwürfel etwa 5 Minuten abkühlen.

4. Jetzt nimmst du deinen Mixer und gibst die abgekühlte Süßkartoffel, Kokoswasser, Banane, geriebenen Ingwer, gehackte Datteln, Zimt und Salz hinein. Du mixt alles gut durch, bis es eine glatte Konsistenz hat.

5. Dein Smoothie ist fast fertig. Du gießt ihn in ein Glas und streust die gerösteten Kokosraspeln darüber.

6. Jetzt kannst du deinen leckeren und gesunden Smoothie genießen. Prost!

Grünkohl-Blutorangen-Energiebombe

Zubereitungszeit: 15 Minuten
Portionen: 1 Person

Zutaten:

- 100 g Grünkohl, gewaschen und grob gehackt
- Saft und Schale von 2 Blutorangen, geschält
- 1 Banane, geschält und in Scheiben geschnitten
- 100 g griechischer Joghurt, fettarm
- 200 ml Mandelmilch, ungesüßt
- 2 TL Honig
- 2 EL Leinsamen, gemahlen
- 1 TL Ingwer, frisch gerieben
- 3 Eiswürfel

Zubereitung:

1. Du beginnst damit, den Grünkohl sorgfältig zu waschen und grob zu hacken. Sorge dafür, dass er gründlich gewaschen ist, um jegliche Rückstände von Erde oder Schmutz zu entfernen.

2. Die Blutorangen werden geschält und dabei solltest du darauf achten, auch etwas von der Schale für den zusätzlichen Geschmackskick aufzubewahren. Danach presse den Saft aus und stelle beides beiseite.

3. Schäle die Banane und schneide sie in dünne Scheiben. Stelle sie dann mit den vorbereiteten Grünkohl und Blutorangen beiseite.

4. In einem Mixer gibst du zuerst den griechischen Joghurt, die Mandelmilch und den Honig hinein. Mixe diese Zutaten auf mittlerer Stufe, bis sie gut miteinander vermischt sind.

5. Füge nun den Grünkohl, die Bananenscheiben, den Saft und die Schale der Blutorangen, die gemahlenen Leinsamen und den frisch geriebenen Ingwer hinzu. Mixe alles zusammen auf hoher Stufe, bis du eine glatte und cremige Konsistenz erhältst.

6. Als letzten Schritt füge die Eiswürfel hinzu und mixe noch einmal kurz. Lass den Smoothie für etwa 10 Minuten ruhen, damit sich die Aromen gut entfalten können.

7. Gieße deinen Smoothie in ein großes Glas und genieße ihn sofort!

Himmlischer Mandelmilch-Shake

Zubereitungszeit: 5 Minuten
Portionen: 1 Person

Zutaten:

- 200 ml ungesüßte Mandel-milch
- 1 reife Banane, geschält und in Scheiben geschnitten
- 1 TL Chiasamen
- 1 TL Honig
- 1 EL ungesüßtes Kakaopul-ver
- 4 Eiswürfel
- Eine Prise Salz

Zubereitung:

1. Nimm die Mandelmilch und gieße sie in deinen Mixer.

2. Füge die Bananenscheiben hinzu.

3. Gib die Chiasamen, das Kakaopulver und den Honig dazu. Das Salz darfst du auch nicht vergessen. Es mag seltsam klingen, aber eine Prise Salz kann die Süße der anderen Zutaten wirklich hervorheben.

4. Jetzt kommt der spannende Teil! Verschließe den Mixer und mixe alles auf höchster Stufe, bis der Shake schön glatt und cremig ist. Das dauert etwa 1 Minute.

5. Nun füge die Eiswürfel hinzu und mixe erneut, bis sie vollständig zerkleinert sind und dein Shake kühl und erfrischend ist.

6. Gieße den Shake in dein Lieblingsglas und lass ihn etwa 10 Minuten ruhen. Die Chiasamen werden ein wenig aufquellen und deinem Shake eine schöne Textur verleihen.

7. Genieße deinen Shake, so wie er ist, oder garniere ihn mit ein wenig extra Kakaopulver, wenn du möchtest.

Kiwi-Apfel-Grüntee-Smoothie

Zubereitungszeit: 10 Minuten
Portionen: 1 Person

Zutaten:

- 2 reife Kiwis, geschält und gewürfelt
- 1 großer Apfel, gewaschen, entkernt und gewürfelt
- 200 ml frisch aufgebrühter Grüntee, abgekühlt
- 1 EL Chia-Samen, optional
- 1 EL Honig, optional
- Eiswürfel nach Belieben

Zubereitung:

1. Bereite zuerst den Grüntee vor. Gieße 200 ml heißes Wasser über den Teebeutel und lass ihn etwa 3 Minuten ziehen. Entferne dann den Beutel und lass den Tee abkühlen. Dieser Schritt kann im Voraus gemacht werden, falls gewünscht.

2. Während der Tee abkühlt, schälst du die Kiwis und würfelst sie. Den Apfel musst du waschen, entkernen und ebenfalls in Würfel schneiden.

3. Gib die Kiwi- und Apfelstücke in den Mixer. Gieße den abgekühlten Grüntee dazu.

4. Füge nun die Chia-Samen hinzu, wenn du sie benutzt. Sie geben deinem Smoothie eine schöne Textur und sind gut für deine Gesundheit.

5. Süße deinen Smoothie mit Honig, wenn du möchtest. Dies ist optional und hängt ganz von deinem Geschmack ab.

6. Zuletzt fügst du Eiswürfel nach Belieben hinzu. Das gibt deinem Smoothie eine angenehme Kühle.

7. Mixe alles gut durch, bis dein Smoothie schön glatt und cremig ist.

8. Gieße deinen Smoothie in ein Glas und genieße ihn sofort.

Zitronen-Basilikum-Detox-Smoothie

Zubereitungszeit: 10 Minuten
Portionen: 1 Person

Zutaten:

- 1 große Bio-Zitrone, abgewaschen und halbiert
- 15 g frisches Basilikum, gewaschen
- 1 kleine reife Banane, geschält
- 240 ml kaltes Wasser
- 1 EL Chia-Samen
- 1 EL Honig
- Eine Prise Salz
- 2-3 Eiswürfel (optional)

Zubereitung:

1. Zuerst presst du die Zitrone aus. Achte darauf, dass du wirklich jeden Tropfen herausbekommst. Wirf die Zitronenschale nicht weg, denn du kannst sie zum Dekorieren deines Smoothies verwenden.

2. Gib den Zitronensaft, die Banane, das Basilikum, Wasser, Chia-Samen, Honig und eine Prise Salz in den Mixer. Mixe alles auf höchster Stufe, bis es eine gleichmäßige Flüssigkeit wird.

3. Wenn alles gut vermischt ist, probiere den Smoothie. Ist er zu säuerlich, gib ein wenig mehr Honig hinzu. Ist er zu süß, hilft eine weitere Prise Salz. Dies ist der Moment, in dem du deinen ganz persönlichen Geschmack einbringen kannst.

4. Jetzt kannst du den Smoothie in ein Glas gießen. Wenn du möchtest, kannst du noch 2-3 Eiswürfel hinzufügen, um den Smoothie extra kühl zu machen.

5. Schneide ein kleines Stück von der Zitronenschale ab und verwende es als Dekoration auf dem Glas. Gieße den Smoothie ein und fertig ist dein Detox-Smoothie!

Minzige Melonen-Erfrischung

Zubereitungszeit: 10 Minuten
Portionen: 1 Person

Zutaten:

- 1/2 mittelgroße Honigmelone, geschält und entkernt, gewürfelt (ca. 300 g)
- 10 frische Minzblätter, gewaschen und trocken geschüttelt
- 1 kleines Stück Ingwer (ca. 1 cm), geschält und fein gehackt
- 1 EL Honig
- 150 ml kaltes Wasser
- Eiswürfel, optional

Zubereitung:

1. Du startest, indem du die Melone aufschneidest, entkernst und das Fruchtfleisch in Würfel schneidest.

2. Als nächstes nimmst du die Minzblätter und schüttelst sie trocken. Es ist wichtig, dass sie trocken sind, um eine optimale Aromafreisetzung zu erreichen.

3. Der Ingwer wird jetzt geschält und fein gehackt. Pass auf, dass du nicht zu viel nimmst - das Aroma ist sehr intensiv!

4. Jetzt füllst du alle Zutaten in den Mixer: die Melonenstücke, die Minzblätter, den gehackten Ingwer, den Honig und das kalte Wasser. Schalte den Mixer auf hohe Stufe und mixe alles gut durch, bis der Smoothie eine glatte und gleichmäßige Konsistenz hat.

5. Wenn du möchtest, kannst du einige Eiswürfel hinzufügen und nochmals kurz mixen, um den Smoothie extra kühl und erfrischend zu machen.

6. Jetzt ist deine minzige Melonen-Erfrischung fertig.

Suppen

Tomaten-Basilikum-Suppe

Zubereitungszeit: 10 Minuten
Portionen: 1 Person

Zutaten:

- 300 g frische, reife Tomaten, gewürfelt
- 1 EL natives Olivenöl extra
- 1 kleine Zwiebel, gewürfelt
- 2 Knoblauchzehen, fein gehackt
- 1 EL frisches Basilikum, gehackt
- 500 ml Gemüsebrühe, salzarm
- 1 EL Balsamico-Essig
- Salz und Pfeffer nach Geschmack

Zubereitung:

1. Erhitze das Olivenöl in einem mittelgroßen Topf auf mittlerer Hitze. Füge die gewürfelte Zwiebel hinzu und dünste sie, bis sie weich und durchsichtig ist.

2. Füge den fein gehackten Knoblauch hinzu und dünste alles zusammen für weitere 2 Minuten.

3. Gib die gewürfelten Tomaten in den Topf und lasse sie 5 Minuten mitdünsten, bis sie weich sind und Saft freisetzen.

4. Füge das gehackte Basilikum, die Gemüsebrühe, den Balsamico-Essig und Salz und Pfeffer hinzu. Lasse alles aufkochen.

5. Reduziere die Hitze und lasse die Suppe 10 Minuten köcheln, damit sich die Aromen verbinden können.

6. Nun kannst du, wenn du möchtest, die Suppe mit einem Stabmixer pürieren, bis sie die gewünschte Konsistenz erreicht hat.

7. Schmecke die Suppe ab und füge bei Bedarf mehr Salz oder Pfeffer hinzu. Serviere die Suppe heiß, garniert mit ein paar Basilikumblättern.

Linsen-Kokossuppe

Zubereitungszeit: 15 Minuten
Portionen: 1 Person

Zutaten:

- 60 g grüne Linsen, gründlich gewaschen
- 1 kleine Karotte, gewürfelt
- 1 Schalotte, fein gehackt
- 1 kleine Knoblauchzehe, fein gehackt
- 2 EL Kokosöl
- 1 TL Kurkuma
- 1/2 TL Kreuzkümmel
- 200 ml Gemüsebrühe, salzarm
- 200 ml Kokosmilch, ungesüßt
- Salz und Pfeffer nach Geschmack
- Frischer Koriander und 1 EL Bio-Zitronensaft zum Servieren

Zubereitung:

1. Erhitze das Kokosöl in einem mittelgroßen Topf. Füge die Schalotte und den Knoblauch hinzu und dünste sie, bis sie weich sind.

2. Gib die gewürfelte Karotte, Kurkuma und Kreuzkümmel hinzu. Lass das Ganze für etwa 2 Minuten köcheln, bis die Gewürze duften.

3. Füge nun die grünen Linsen hinzu und rühre alles gut durch, damit die Linsen mit den Gewürzen bedeckt sind.

4. Gieße die Gemüsebrühe und die Kokosmilch in den Topf und bringe die Suppe zum Kochen. Reduziere die Hitze und lass die Suppe 15-20 Minuten köcheln, bis die Linsen weich sind.

5. Schmecke die Suppe mit Salz und Pfeffer ab. Serviere sie heiß mit einem Spritzer Zitronensaft und frischem Koriander.

Feurige Chili-Knoblauch-Suppe

Zubereitungszeit: 10 Minuten
Portionen: 1 Person

Zutaten:

- 1 EL natives Olivenöl extra
- 1 mittelgroße Zwiebel, gewürfelt
- 3 Knoblauchzehen, gehackt
- 1 rote Chili, entkernt und in dünne Streifen geschnitten
- 500 ml Gemüsebrühe, salzarm
- 1 TL Tomatenmark
- Salz und Pfeffer nach Geschmack
- 1 TL getrockneter Oregano
- 1 EL frischer Koriander, gehackt

Zubereitung:

1. Erhitze das Olivenöl in einem mittelgroßen Topf. Füge die gewürfelte Zwiebel hinzu und dünste sie, bis sie durchsichtig und weich wird.

2. Gib den gehackten Knoblauch und die Chilistreifen in den Topf und lass alles für weitere 2 Minuten köcheln, bis der Knoblauch anfängt zu duften.

3. Füge die Gemüsebrühe und das Tomatenmark in den Topf. Rühre die Suppe gut um, damit sich das Tomatenmark gut verteilt.

4. Würze die Suppe mit Salz, Pfeffer und Oregano. Lass die Suppe bei mittlerer Hitze etwa 15 Minuten köcheln, damit sich die Aromen gut verbinden können.

5. Zum Schluss streue den frischen Koriander über die Suppe und rühre ihn ein. Nimm den Topf vom Herd und lass die Suppe kurz ruhen.

6. Jetzt ist deine feurige Suppe fertig! Sie ist perfekt für einen scharfen Start in den Tag oder als sättigende Mahlzeit am Abend.

Pilzsuppe mit Dill

Zubereitungszeit: 15 Minuten
Portionen: 1 Person

Zutaten:

- 150 g gemischte frische Pilze, geputzt und in Scheiben geschnitten
- 1 EL natives Olivenöl extra
- 1 kleine Zwiebel, geschält und fein gehackt
- 1 kleine Karotte, geschält und gewürfelt
- 500 ml Gemüsebrühe, salzarm
- 1 TL frisch gehackter Dill, zusätzlich etwas mehr zum Garnieren
- Salz und Pfeffer nach Geschmack
- 1 EL Hafercreme, optional, für zusätzliche Cremigkeit

Zubereitung:

1. Erhitze das Olivenöl in einem mittelgroßen Topf auf mittlerer Hitze. Gib die Zwiebel hinzu und brate sie an, bis sie glasig wird.

2. Füge die Karotte hinzu und lasse sie 5 Minuten mitbraten.

3. Nun kommen die Pilze dazu. Dünste sie, bis sie weich sind und eine goldbraune Farbe angenommen haben.

4. Gieße die Gemüsebrühe in den Topf und rühre gut um, um alle Aromen zu verbinden. Lass die Suppe aufkochen und dann bei niedriger Hitze 15 Minuten köcheln.

5. Nimm den Topf vom Herd und rühre den frisch gehackten Dill unter. Schmecke mit Salz und Pfeffer ab. Wenn du möchtest, kannst du jetzt auch die Hafercreme hinzufügen.

6. Serviere die Suppe in einer Schale und garniere sie mit etwas extra Dill. Genieße diese wärmende, aromatische Suppe!

Karotten-Ingwer-Cremesuppe

Zubereitungszeit: 10 Minuten
Portionen: 1 Person

Zutaten:

- 200 g Karotten, geschält und in dünne Scheiben geschnitten
- 1 kleine Zwiebel, fein gehackt
- 1 Knoblauchzehe, fein gehackt
- 1 EL frischer Ingwer, gerieben
- 500 ml Gemüsebrühe, salzarm
- 1 EL natives Olivenöl extra
- Salz und Pfeffer nach Geschmack
- 50 ml fettarme Sahne
- 1 TL frische Petersilie, fein gehackt (optional)

Zubereitung:

1. Erhitze das Olivenöl in einem mittelgroßen Topf über mittlerer Hitze. Sobald das Öl heiß ist, füge die Zwiebel hinzu und brate sie an, bis sie weich und durchsichtig ist.

2. Füge nun den Knoblauch und den geriebenen Ingwer hinzu und brate alles für weitere 2 Minuten unter ständigem Rühren an. Sei vorsichtig, dass nichts anbrennt.

3. Nun kommen die Karottenscheiben dazu. Rühre alles gut durch und brate das Gemüse weitere 5 Minuten an, bis die Karotten weich werden.

4. Gieße die Gemüsebrühe in den Topf und lass die Suppe aufkochen. Reduziere die Hitze und lass die Suppe für etwa 15 Minuten leise köcheln, bis die Karotten ganz weich sind.

5. Püriere die Suppe mit einem Stabmixer oder in einem Standmixer, bis sie ganz glatt ist. Falls die Suppe zu dick ist, kannst du noch etwas Brühe hinzufügen.

6. Gib die fettarme Sahne in die Suppe und rühre sie gut durch. Schmecke die Suppe mit Salz und Pfeffer ab.

7. Serviere die Suppe heiß, garniert mit der gehackten Petersilie, wenn du magst.

Sommerliche Zucchinisuppe

Zubereitungszeit: 10 Minuten
Portionen: 1 Person

Zutaten:

- 1 mittelgroße Zucchini (ca. 200 g), gewaschen und in grobe Würfel geschnitten
- 1 kleine gelbe Zwiebel, geschält und gewürfelt
- 1 Knoblauchzehe, geschält und fein gehackt
- 1 EL natives Olivenöl extra
- 500 ml Gemüsebrühe, salzarm
- 1 TL frischer Bio-Zitronensaft
- Salz und Pfeffer nach Geschmack
- 2 EL frisches Basilikum, gehackt

Zubereitung:

1. Erhitze das Olivenöl in einem mittelgroßen Topf über mittlerer Hitze. Sobald das Öl heiß ist, füge die Zwiebel hinzu und dünste sie für etwa 2 Minuten, bis sie weich und leicht goldbraun ist.

2. Füge den Knoblauch hinzu und dünste ihn weitere 30 Sekunden, bis er duftet. Dann gib die Zucchini in den Topf und dünste sie für etwa 5 Minuten, bis sie weich sind.

3. Gieße die Gemüsebrühe dazu und bringe alles zum Kochen. Reduziere dann die Hitze und lass die Suppe 10 Minuten köcheln.

4. Nachdem die Suppe geköchelt hat, nimm den Topf vom Herd und lass sie ein wenig abkühlen. Füge den Zitronensaft, Salz und Pfeffer hinzu und püriere die Suppe dann mit einem Stabmixer, bis sie glatt ist.

5. Rühre das frische Basilikum unter und serviere die Suppe warm.

Süßkartoffel-Currysuppe

Zubereitungszeit: 10 Minuten
Portionen: 1 Person

Zutaten:

- 1 mittelgroße Süßkartoffel, geschält und gewürfelt
- 1 kleine Zwiebel, gehackt
- 1 Knoblauchzehe, gehackt
- 1 EL natives Olivenöl extra
- 1 TL Currypulver
- 1/4 TL Kreuzkümmel
- 500 ml Gemüsebrühe, salzarm
- 1 EL Bio-Zitronensaft
- Salz und Pfeffer zum Abschmecken
- Einige frische Korianderblätter, zum Garnieren

Zubereitung:

1. Erhitze das Olivenöl in einem Topf. Gib die gehackte Zwiebel und Knoblauch hinein und dünste sie etwa 2 Minuten lang an, bis sie weich und duftend sind.

2. Füge die gewürfelte Süßkartoffel hinzu und brate sie 3-4 Minuten lang an, bis sie leicht gebräunt ist.

3. Gib das Currypulver und den Kreuzkümmel hinzu. Rühre alles gut um, so dass die Gewürze gleichmäßig verteilt sind.

4. Füge die Gemüsebrühe hinzu und bringe die Suppe zum Kochen. Reduziere dann die Hitze und lasse sie 15 Minuten köcheln, bis die Süßkartoffel weich ist.

5. Püriere die Suppe mit einem Stabmixer, bis sie glatt und cremig ist. Schmecke sie mit Zitronensaft, Salz und Pfeffer ab.

6. Serviere die Suppe heiß, garniert mit einigen frischen Korianderblättern.

Grünkohl-Kichererbsen-Suppe

Zubereitungszeit: 15 Minuten
Portionen: 1 Person

Zutaten:

- 150 g Grünkohl, gewaschen und gehackt
- 150 g Kichererbsen aus der Dose, abgetropft und gespült
- 1 mittelgroße Karotte, gewaschen und gewürfelt
- 1 mittelgroße Zwiebel, geschält und gewürfelt
- 1 EL natives Olivenöl extra
- 1 TL Kreuzkümmel, gemahlen
- 500 ml Gemüsebrühe, salzarm
- Salz und Pfeffer nach Geschmack
- 1 EL Bio-Zitronensaft, frisch gepresst

Zubereitung:

1. In einem mittelgroßen Topf das Olivenöl erhitzen. Die Zwiebel und Karotte hinzufügen und etwa 5 Minuten auf mittlerer Hitze anbraten, bis sie weich sind.

2. Den Grünkohl und die Kichererbsen hinzufügen, gut umrühren und ein paar Minuten mit anbraten.

3. Kreuzkümmel, Salz und Pfeffer hinzufügen und gut umrühren, um alle Zutaten damit zu vermischen.

4. Die Gemüsebrühe hinzufügen, zum Kochen bringen und dann auf niedrige Hitze reduzieren. Etwa 20-30 Minuten köcheln lassen, bis der Grünkohl weich ist.

5. Zum Schluss den Zitronensaft hinzufügen, gut umrühren und nochmals abschmecken. Falls notwendig, mit Salz und Pfeffer nachwürzen.

6. Die Suppe heiß servieren. Guten Appetit!

Rote-Linsen-Tomatensuppe

Zubereitungszeit: 10 Minuten
Portionen: 1 Person

Zutaten:

- 75 g rote Linsen, gründlich gewaschen
- 1 mittelgroße Tomate, fein gewürfelt
- 1 kleine Zwiebel, fein gewürfelt
- 1 kleine Karotte, fein gewürfelt
- 1 Knoblauchzehe, fein gehackt
- 1 EL natives Olivenöl extra
- 750 ml Gemüsebrühe, salzarm
- 1 TL Paprikapulver, edelsüß
- 1 TL Kreuzkümmel
- Salz und Pfeffer nach Geschmack
- Ein paar frische Basilikumblätter zum Garnieren, optional

Zubereitung:

1. Erhitze das Olivenöl in einem mittelgroßen Topf über mittlerer Hitze. Füge die Zwiebel, Karotte und den Knoblauch hinzu und brate sie an, bis sie weich sind.

2. Gib die roten Linsen, die gewürfelte Tomate, Paprika und Kreuzkümmel hinzu. Rühre alles gut um und lass es ein paar Minuten köcheln.

3. Füge nun die Gemüsebrühe hinzu und bringe die Suppe zum Kochen. Lass die Suppe bei niedriger Hitze etwa 20 bis 30 Minuten köcheln, bis die Linsen weich sind.

4. Prüfe den Geschmack und füge nach Belieben Salz und Pfeffer hinzu. Wenn du magst, kannst du die Suppe mit einem Pürierstab pürieren, um eine cremigere Konsistenz zu erzielen, oder sie so lassen, wie sie ist, wenn du eine stückigere Suppe bevorzugst.

5. Gieße die Suppe in eine Schüssel und garniere sie mit ein paar frischen Basilikumblättern, wenn du möchtest.

Herbstliche Kürbissuppe mit Apfel

Zubereitungszeit: 10 Minuten
Portionen: 1 Person

Zutaten:

- 250 g Hokkaido Kürbis, entkernt und in Würfel geschnitten
- 1 kleiner Apfel, entkernt und in Stücke geschnitten
- 1 kleine Zwiebel, gewürfelt
- 1 TL natives Olivenöl extra
- 1/2 TL Kurkuma
- 1/4 TL frisch geriebener Ingwer
- 500 ml Gemüsebrühe, salzarm
- Salz und Pfeffer nach Geschmack
- 1 EL Creme Fraiche
- Einige frische Thymianblätter zum Garnieren

Zubereitung:

1. Erhitze das Olivenöl in einem Topf über mittlerer Hitze. Gib die Zwiebeln dazu und dünste sie, bis sie weich und glasig sind.

2. Füge die Kürbiswürfel und Apfelstücke hinzu. Koche sie mit den Zwiebeln für etwa 5 Minuten, bis sie anfangen, weich zu werden.

3. Streue Kurkuma und Ingwer über die Mischung im Topf. Rühre alles gut um, damit die Gewürze gleichmäßig verteilt sind.

4. Gieße die Gemüsebrühe dazu. Bringe die Suppe zum Kochen und lasse sie dann etwa 20 Minuten auf niedriger Hitze köcheln, bis der Kürbis vollständig weich ist.

5. Nimm den Topf vom Herd und püriere die Suppe mit einem Handmixer, bis sie eine glatte Konsistenz hat.

6. Schmecke die Suppe mit Salz und Pfeffer ab. Wenn du magst, kannst du jetzt auch die Creme Fraiche unterrühren.

7. Serviere die Suppe heiß und garniere sie mit einigen frischen Thymianblättern.

Salate

Spinat-Beeren-Power-Salat

Zubereitungszeit: 10 Minuten
Portionen: 1 Person

Zutaten:

- 100 g frischer Baby-Spinat, gründlich gewaschen
- 80 g gemischte Beeren (Erdbeeren, Heidelbeeren und Himbeeren), gewaschen und geviertelt oder ganz gelassen
- 1 EL natives Olivenöl extra
- 2 TL Bio-Zitronensaft, frisch gepresst
- 1 TL Honig, optional
- 20 g Mandelsplitter, leicht geröstet
- Salz und Pfeffer nach Geschmack
- 1 TL Chiasamen

Zubereitung:

1. Nimm zuerst den Spinat und leg ihn in eine große Salatschüssel. Achte darauf, dass der Spinat gründlich gewaschen und abgetropft ist.

2. Gib dann die gemischten Beeren dazu. Verwende die, die du am liebsten magst, ob Erdbeeren, Heidelbeeren oder Himbeeren - alles ist erlaubt!

3. Für das Dressing vermischst du das Olivenöl, den Zitronensaft und den Honig in einer kleinen Schüssel. Du kannst den Honig weglassen, wenn du eine zuckerärmere Variante bevorzugst.

4. Gib eine Prise Salz und Pfeffer in das Dressing und rühre alles gut um. Schmecke es ab und passe es nach Belieben an.

5. Gieße das Dressing über den Salat und mische alles gut durch, damit jede Zutat mit dem Dressing bedeckt ist.

6. Lass den Salat etwa 5 Minuten stehen, damit der Spinat eine Chance hat, ein wenig von dem Dressing aufzusaugen.

7. Streue zum Schluss die gerösteten Mandelsplitter und die Chiasamen darüber.

8. Jetzt bist du fertig! Genieße deinen Salat sofort, solange er noch frisch ist.

Quinoa-Gemüse-Rainbow-Salat

Zubereitungszeit: 30 Minuten
Portionen: 1 Person

Zutaten:

- 60 g Quinoa, abgespült und abgetropft
- 150 ml Wasser
- 1 Prise Salz
- 100 g Karotte, in dünne Streifen geschnitten
- 100 g Zucchini, in dünne Streifen geschnitten
- 70 g Rote Paprika, in feine Streifen geschnitten
- 70 g Gelbe Paprika, in feine Streifen geschnitten
- 1 EL natives Olivenöl extra
- 1 EL Apfelessig
- 1 TL Honig
- 2 EL Petersilie, fein gehackt
- Salz und Pfeffer nach Geschmack

Zubereitung:

1. Gib die Quinoa mit dem Wasser und einer Prise Salz in einen Topf. Bring alles zum Kochen und lass es danach bei niedriger Hitze 15 Minuten köcheln, bis das Wasser vollständig absorbiert ist. Nimm dann den Topf vom Herd und lass die Quinoa zugedeckt 5 Minuten quellen.

2. Während die Quinoa kocht, bereite das Gemüse vor. Schneide die Karotte und Zucchini mit einem Spiralschneider in Spaghetti-Form und die Paprika in feine Streifen.

3. Für das Dressing mische das Olivenöl, den Apfelessig und den Honig in einer kleinen Schüssel. Schmecke mit Salz und Pfeffer ab.

4. Sobald die Quinoa fertig ist, verteile sie auf einem Teller. Lege das vorbereitete Gemüse farbenfroh darauf.

5. Träufle das Dressing über den Salat und bestreue alles mit der gehackten Petersilie. Guten Appetit!

Fitness-Salat mit Huhn und Avocado

Zubereitungszeit: 15 Minuten
Portionen: 1 Person

Zutaten:

- 150 g Hühnerbrust, in Streifen geschnitten
- 1 TL natives Olivenöl extra
- Salz und Pfeffer nach Geschmack
- 1/2 reife Avocado, gewürfelt
- 50 g Rucola
- 10 Cherrytomaten, halbiert
- 1 kleine rote Zwiebel, fein geschnitten
- 1 EL Bio-Zitronensaft
- 2 EL natives Olivenöl extra
- 1 TL Dijon-Senf
- 1 EL Weißweinessig
- 2 EL frische Petersilie, gehackt

Zubereitung:

1. Erhitze 1 TL Olivenöl in einer Pfanne über mittlerer Hitze. Füge die Hühnerbruststreifen hinzu, würze mit Salz und Pfeffer und brate sie, bis sie durchgegart sind. Lass das Huhn dann auf einem Teller abkühlen.

2. In der Zwischenzeit bereitest du das Dressing zu. Vermische in einer kleinen Schüssel den Zitronensaft, 2 EL Olivenöl, Dijon-Senf und Weißweinessig. Schmecke das Dressing mit Salz und Pfeffer ab.

3. In einer großen Schüssel vermischst du nun Rucola, Cherrytomaten, die rote Zwiebel und die gewürfelte Avocado. Gib das abgekühlte Huhn dazu.

4. Träufle das Dressing über den Salat und vermische alles gut. Bestreue den Salat zum Schluss mit der gehackten Petersilie.

5. Lass den Salat vor dem Servieren etwa 10 Minuten stehen, damit sich die Aromen entfalten können.

Mediterraner Kichererbsen Salat

Zubereitungszeit: 20 Minuten
Portionen: 1 Person

Zutaten:

- 150 g Kichererbsen, aus der Dose und abgetropft
- 50 g Kirschtomaten, halbiert
- 50 g Gurke, gewürfelt
- 30 g rote Zwiebel, fein gehackt
- 30 g schwarze entsteinte Oliven, halbiert
- 1 Handvoll frischer Basilikum, grob gehackt
- 1 EL natives Olivenöl extra
- Saft einer halben Bio-Zitrone
- 1 TL Dijonsenf
- Salz und schwarzer Pfeffer, frisch gemahlen

Zubereitung:

1. Lege die Kichererbsen, Kirschtomaten, Gurke, rote Zwiebel, Oliven und Basilikum in eine Schüssel. Stelle sie beiseite.

2. In einer kleinen Schüssel vermischt du das Olivenöl, Zitronensaft und Dijonsenf. Rühre alles gut um, bis es sich zu einem Dressing vermischt hat. Schmecke mit Salz und Pfeffer ab.

3. Gieße das Dressing über die Kichererbsenmischung und mische alles sorgfältig durch, bis alles gut ummantelt ist.

4. Lass den Salat für etwa 10 Minuten ruhen, damit die Aromen sich vermischen können. Gib danach eventuell noch etwas Salz oder Pfeffer hinzu, je nach Geschmack.

5. Genieße deinen frischen mediterranen Kichererbsensalat direkt oder decke ihn ab und stelle ihn bis zum Verzehr in den Kühlschrank.

Avocado-Erdbeersalat mit Minze

Zubereitungszeit: 15 Minuten
Portionen: 1 Person

Zutaten:

- 1 reife Avocado, halbiert, entkernt und in Scheiben geschnitten
- 100 g frische Erdbeeren, gewaschen und in Scheiben geschnitten
- Eine Handvoll frischer Minzblätter, grob gehackt
- Saft einer halben Bio-Zitrone
- 1 EL natives Olivenöl extra
- Salz und Pfeffer nach Geschmack
- 50 g geröstete Walnüsse, grob gehackt
- 50 g Feta, zerbröselt

Zubereitung:

1. Zuerst nimmst du eine große Schüssel und gibst die geschnittenen Avocados und Erdbeeren hinein.

2. Nun gibst du die gehackten Minzblätter hinzu.

3. Jetzt wird es Zeit für den Zitronensaft und das Olivenöl. Gieße sie über die Avocado-Erdbeer-Mischung und würze das Ganze mit Salz und Pfeffer.

4. Vermische alles vorsichtig, sodass Avocado und Erdbeeren gut mit dem Dressing bedeckt sind.

5. Gib nun die gerösteten Walnüsse und den zerbröselten Feta hinzu.

6. Alles noch einmal sanft vermischen, um den Käse und die Nüsse im Salat zu verteilen.

7. Und voila, dein Avocado-Erdbeersalat ist fertig zum Genießen!

Erfrischender Wassermelonen-Feta-Salat

Zubereitungszeit: 15 Minuten
Portionen: 1 Person

Zutaten:

- 200 g Wassermelone, entkernt und in Würfel geschnitten
- 50 g Feta-Käse, zerbröselt
- 1 Frühlingszwiebel, fein gehackt
- 10 g frische Minzblätter, gehackt
- Saft und Abrieb von 1/2 Bio-Zitrone
- 1 EL natives Olivenöl extra
- Eine Prise Salz
- Eine Prise schwarzer Pfeffer

Zubereitung:

1. Nimm dir eine große Schüssel. Gib die Wassermelonenwürfel hinein.
2. Füge nun den zerbröselten Feta-Käse hinzu.
3. Streue die fein gehackte Frühlingszwiebel und die frischen Minzblätter über die Melone und den Feta.
4. Mische in einer kleinen Schüssel den Zitronensaft und -abrieb mit dem Olivenöl. Würze mit Salz und Pfeffer und rühre gut um.
5. Gieße das Dressing über den Salat in der großen Schüssel und mische alles vorsichtig durch, bis die Zutaten gut miteinander vermischt sind.
6. Lass den Salat ein paar Minuten stehen, damit die Aromen sich vermischen können.
7. Genieße deinen erfrischenden Wassermelonen Salat!

Couscous-Salat mit Cranberries

Zubereitungszeit: 25 Minuten
Portionen: 1 Person

Zutaten:

- 75 g Couscous, ungekocht
- 100 ml Wasser
- 1 Prise Salz
- 1 EL natives Olivenöl extra
- 50 g frische Cranberries, gewaschen und halbiert
- 1 kleiner roter Apfel, gewaschen und in Würfel geschnitten
- 30 g Mandeln, gehackt und geröstet
- Eine Handvoll frischer Petersilie, gewaschen und gehackt
- 1/2 Bio-Zitrone, Saft ausgepresst
- Salz und Pfeffer nach Geschmack

Zubereitung:

1. Als Erstes musst du das Wasser zum Kochen bringen. Sobald es kocht, nimmst du es vom Herd und gibst den Couscous hinein. Lass den Couscous etwa 10 Minuten quellen, bis er das Wasser vollständig aufgesogen hat. Rühre gelegentlich um, damit nichts zusammenklebt.

2. In der Zwischenzeit kannst du die Cranberries halbieren. Bei frischen Cranberries sollte das ohne Probleme gehen. Wenn du getrocknete verwendest, kannst du diesen Schritt überspringen.

3. Schneide den Apfel in kleine Würfel. Du brauchst nicht zu schälen, aber achte darauf, dass du das Kerngehäuse entfernst.

4. Röste die Mandeln in einer Pfanne ohne Öl, bis sie schön duften. Aber Vorsicht, sie können schnell verbrennen.

5. Sobald der Couscous fertig ist, gibst du ihn in eine Schüssel. Füge das Olivenöl hinzu und mische alles gut durch, um eventuelle Klumpen zu vermeiden.

6. Jetzt kannst du die Cranberries, den gewürfelten Apfel, die gerösteten Mandeln und die gehackte Petersilie zum Couscous hinzufügen.

7. Zum Schluss würzt du den Salat mit dem Zitronensaft, Salz und Pfeffer nach Geschmack.

Bunter Linsensalat mit Avocado

Zubereitungszeit: 30 Minuten
Portionen: 1 Person

Zutaten:

- 60 g grüne Linsen, trocken
- 1 kleine rote Zwiebel, fein gewürfelt
- 1/2 reife Avocado, in kleine Stücke geschnitten
- 1 kleine Karotte, gewürfelt
- Eine Handvoll Baby-Spinat, frisch
- 1 kleine Tomate, gewürfelt
- 1 EL natives Olivenöl extra
- 1 EL Apfelessig
- 1/2 TL Senf, Dijon
- Salz und Pfeffer nach Geschmack
- 1 EL frische Petersilie, fein gehackt

Zubereitung:

1. In einem Topf Wasser zum Kochen bringen und die Linsen darin 20-25 Minuten oder bis sie weich sind kochen, dann abgießen und abtropfen lassen.

2. In der Zwischenzeit bereitest du das Dressing zu: In einer kleinen Schüssel Olivenöl, Apfelessig, Senf, Salz und Pfeffer vermischen und gut verrühren.

3. Die rote Zwiebel, Karotte, Baby-Spinat und Tomate in eine große Schüssel geben. Die Avocadostücke hinzufügen.

4. Wenn die Linsen gekocht sind, gib sie in die Schüssel zu den anderen Zutaten. Dann das Dressing darüber gießen und alles sorgfältig vermengen, bis die Zutaten gut miteinander vermischt sind.

5. Zum Schluss mit der fein gehackten Petersilie bestreuen und servieren. Guten Appetit!

Herbstlicher Kürbissalat

Zubereitungszeit: 25 Minuten
Portionen: 1 Person

Zutaten:

- 150 g Hokkaido Kürbis, gewürfelt
- 1 EL natives Olivenöl extra
- 1 Prise Salz
- 50 g Feldsalat, gewaschen und getrocknet
- 30 g Rote Linsen, gewaschen
- 1/2 Apfel, gewürfelt
- 2 EL Bio-Zitronensaft
- 2 EL Kürbiskerne, geröstet
- 1 EL Honig
- 1 EL Balsamico Essig
- 1/2 TL Senf

Zubereitung:

1. Heize deinen Ofen auf 180 Grad vor. In der Zwischenzeit gib die Kürbiswürfel in eine Schüssel, füge das Olivenöl und eine Prise Salz hinzu. Mische alles gut durch, bis der Kürbis gleichmäßig bedeckt ist.

2. Lege die Kürbiswürfel auf ein Backblech und backe sie für etwa 15 Minuten, bis sie weich und leicht gebräunt sind.

3. Während der Kürbis im Ofen ist, koche die roten Linsen in einem kleinen Topf mit ausreichend Wasser für etwa 10 Minuten, bis sie weich sind. Sie sollten ihre Form jedoch beibehalten.

4. Mische den gewürfelten Apfel mit dem Zitronensaft in einer kleinen Schüssel, um das Braunwerden zu verhindern.

5. Für das Dressing vermische den Honig, Balsamico Essig und Senf in einer Schüssel.

6. Sobald der Kürbis und die Linsen fertig sind, lasse sie ein paar Minuten abkühlen.

7. Gib den Feldsalat in eine Salatschüssel, füge die Apfelwürfel, die roten Linsen und die gebackenen Kürbiswürfel hinzu.

8. Tröpfle das Dressing über den Salat und streue die gerösteten Kürbiskerne darüber.

Asiatischer Glasnudelsalat

Zubereitungszeit: 25 Minuten
Portionen: 1 Person

Zutaten:

- 60 g Glasnudeln
- 1 Frühlingszwiebel, in feine Ringe geschnitten
- 1/2 rote Paprika, in dünne Streifen geschnitten
- 1/2 gelbe Paprika, in dünne Streifen geschnitten
- 1 kleiner Bund Koriander, grob gehackt
- 1 kleiner Bund Minze, grob gehackt
- 2 EL Sojasoße, salzarm
- 1 EL frisch gepresster Bio-Limettensaft
- 1 TL Honig
- 1 kleine rote Chili, entkernt und fein gehackt
- 1/2 TL Sesamöl
- 2 EL geröstete, ungezuckerte Erdnüsse, grob gehackt

Zubereitung:

1. Lege die Glasnudeln in eine hitzebeständige Schüssel und übergieße sie mit kochendem Wasser. Lass sie ca. 10 Minuten ziehen, bis sie weich sind. Danach gießt du sie ab und spülst sie unter kaltem Wasser ab, um den Kochprozess zu stoppen. Lass sie abtropfen.

2. Während die Nudeln ziehen, bereite das Gemüse vor. Schneide die Frühlingszwiebel und die Paprikas in feine Streifen und hacke den Koriander und die Minze grob.

3. Für das Dressing mischst du die Sojasoße, den Limettensaft, den Honig, die gehackte Chili und das Sesamöl in einer kleinen Schüssel.

4. In einer großen Schüssel vermischst du die Glasnudeln, das geschnittene Gemüse und die Kräuter. Gieße das Dressing darüber und mische alles gut durch.

5. Streue zum Schluss die gehackten Erdnüsse über den Salat und serviere ihn sofort.

Hauptgerichte

Mediterranes Hähnchen mit Oliven

Zubereitungszeit: 35 Minuten
Portionen: 1 Person

Zutaten:

- 150 g Hähnchenbrust, in Streifen geschnitten
- 1 EL natives Olivenöl extra
- 1 kleine rote Zwiebel, fein gehackt
- 1 Knoblauchzehe, fein gehackt
- 75 g Cherrytomaten, halbiert
- 50 g schwarze entsteinte Oliven, halbiert
- 1/2 TL getrockneter Oregano
- 50 ml Hühnerbrühe, salzarm
- Salz und Pfeffer nach Geschmack
- 2 EL frisch gehackte Petersilie

Zubereitung:

1. Erhitze das Olivenöl in einer mittelgroßen Pfanne bei mittlerer Hitze.

2. Gib die Hähnchenstreifen hinzu und brate sie, bis sie rundum gut angebraten sind. Nimm das Hähnchen aus der Pfanne und stelle es beiseite.

3. In der gleichen Pfanne die gehackte Zwiebel und den Knoblauch hinzufügen. Unter ständigem Rühren anbraten, bis die Zwiebeln weich sind.

4. Jetzt die Cherrytomaten, die Oliven und den Oregano in die Pfanne geben. Alles gut umrühren und kurz anbraten.

5. Füge die Hühnerbrühe hinzu und lasse alles für ca. 10 Minuten köcheln, bis die Tomaten weich sind und die Brühe etwas reduziert ist.

6. Jetzt das angebratene Hähnchen wieder in die Pfanne geben und alles gut umrühren. Lass das Ganze noch einmal für etwa 5 Minuten köcheln, damit das Hähnchen die Aromen aufnehmen kann.

7. Mit Salz und Pfeffer abschmecken und mit der frisch gehackten Petersilie bestreuen.

Linsen-Curry mit Kokosmilch

Zubereitungszeit: 30 Minuten
Portionen: 1 Person

Zutaten:

- 100 g grüne Linsen, gewaschen und abgetropft
- 1 kleine Zwiebel, fein gewürfelt
- 1 kleine Karotte, gewürfelt
- 1 Knoblauchzehe, fein gehackt
- 1 EL frischer Ingwer, gerieben
- 1 EL Currypulver
- 250 ml Gemüsebrühe, salzarm
- 200 ml Kokosmilch, ungesüßt
- 1 EL Sonnenblumenöl
- Salz und Pfeffer zum Abschmecken
- 1 EL frischer Koriander, grob gehackt, für die Dekoration

Zubereitung:

1. Erhitze das Sonnenblumenöl in einer Pfanne bei mittlerer Hitze. Füge die Zwiebeln und Karotten hinzu und brate sie, bis sie weich sind.

2. Gib den Knoblauch und den Ingwer in die Pfanne. Rühre alles gut um und brate es für eine weitere Minute.

3. Streue das Currypulver über das Gemüse und rühre gut um, so dass alles mit dem Gewürz bedeckt ist.

4. Füge die Linsen zur Pfanne hinzu und rühre wieder gut um, damit die Linsen mit dem Gewürz bedeckt sind.

5. Gieße die Gemüsebrühe und die Kokosmilch in die Pfanne. Rühre alles gut um, reduziere die Hitze und lass es 20 Minuten lang köcheln, bis die Linsen weich sind. Vergiss nicht, gelegentlich umzurühren.

6. Schmecke das Curry mit Salz und Pfeffer ab. Wenn du zufrieden bist, nimm die Pfanne vom Herd.

7. Serviere dein Curry in einer Schüssel und garniere es mit dem frischen Koriander.

Ofen-Kürbis mit Quinoa-Füllung

Zubereitungszeit: 45 Minuten
Portionen: 1 Person

Zutaten:

- 1 kleiner Hokkaido-Kürbis, halbiert und entkernt
- 50 g Quinoa, abgespült
- 1 TL natives Olivenöl extra
- 1 kleine rote Zwiebel, fein gehackt
- 1 Knoblauchzehe, fein gehackt
- 50 g Spinat, gewaschen und gehackt
- 30 g Feta, zerbröselt
- Salz und Pfeffer nach Geschmack
- 1 EL Pinienkerne, geröstet

Zubereitung:

1. Heize deinen Ofen auf 180 Grad vor. Lege die Kürbishälften mit der Schnittseite nach unten auf ein mit Backpapier ausgelegtes Backblech und backe sie 20 Minuten lang, bis sie weich sind.

2. Während der Kürbis im Ofen ist, koche das Quinoa nach den Anweisungen auf der Packung.

3. In einer kleinen Pfanne erhitze das Olivenöl und dünste die Zwiebel und den Knoblauch darin, bis sie weich sind.

4. Füge den Spinat hinzu und dünste ihn, bis er zusammengefallen ist.

5. Gib das gekochte Quinoa, den zerbröselten Feta, Salz und Pfeffer dazu und vermische alles gut.

6. Wenn der Kürbis weich ist, nimm ihn aus dem Ofen und löffle die Quinoa-Füllung hinein. Streue die gerösteten Pinienkerne darüber und schiebe alles für weitere 10 Minuten in den Ofen.

7. Nimm den gefüllten Kürbis aus dem Ofen und genieße dein leckeres Gericht!

Gebratener Tofu auf Gemüsenudeln

Zubereitungszeit: 30 Minuten
Portionen: 1 Person

Zutaten:

- 100 g Tofu, in Würfeln
- 150 g Zucchini, gewaschen und Enden abgeschnitten
- 50 g Karotten, gewaschen und Enden abgeschnitten
- 1 kleine rote Paprika, gewaschen und entkernt
- 2 EL Sojasauce, salzarm
- 1 EL natives Olivenöl extra
- 1 TL frischer Ingwer, geschält und gerieben
- 1 kleine rote Chili, entkernt und fein gehackt
- 2 Frühlingszwiebeln, gereinigt und in Ringe geschnitten
- Salz und Pfeffer nach Geschmack

Zubereitung:

1. Schneide den Tofu in Würfel und mariniere ihn in 1 EL Sojasauce. Beiseitestellen und ziehen lassen.

2. Mit einem Spiralschneider verwandelst du die Zucchini und Karotten in lange, dünne Nudeln. Wenn du keinen Spiralschneider hast, kannst du auch einen Sparschäler verwenden und die Gemüse in dünne Streifen schneiden.

3. Erhitze das Olivenöl in einer Pfanne und gib den Tofu hinein. Brate ihn rundherum an, bis er schön knusprig ist. Dann nimm den Tofu aus der Pfanne und stell ihn beiseite.

4. In derselben Pfanne gibst du nun den Ingwer und die gehackte Chili hinzu und dünstest beides kurz an.

5. Füge die Gemüsenudeln hinzu und brate sie ein paar Minuten mit, bis sie die gewünschte Bissfestigkeit haben.

6. Gib dann den gebratenen Tofu und die restliche Sojasauce hinzu. Alles gut vermischen und nach Geschmack mit Salz und Pfeffer würzen.

7. Zum Schluss streust du die Frühlingszwiebelringe darüber und servierst dein Gericht heiß.

Süßkartoffel-Chili ohne Fleisch

Zubereitungszeit: 30 Minuten
Portionen: 1 Person

Zutaten:

- 1 große Süßkartoffel, geschält und in Würfel geschnitten
- 1 rote Paprika, gewaschen und in Würfel geschnitten
- 1 Zwiebel, geschält und gewürfelt
- 1 Knoblauchzehe, geschält und fein gehackt
- 1 EL natives Olivenöl extra
- 400 g Dosen-Tomaten, gestückelt
- 1 EL Tomatenmark
- 1 TL Chili-Pulver
- 1 TL Kreuzkümmel
- 1 TL Paprika
- 1 Dose Kidneybohnen (ca. 200 g), abgetropft und abgespült
- Salz und Pfeffer zum Abschmecken

Zubereitung:

1. Heize deinen Backofen auf 200 Grad vor.

2. Verteile die Süßkartoffelwürfel auf einem mit Backpapier ausgelegten Backblech und beträufle sie mit der Hälfte des Olivenöls. Backe sie für etwa 20 Minuten im Ofen, bis sie weich sind.

3. In der Zwischenzeit erhitze das restliche Öl in einer tiefen Pfanne bei mittlerer Hitze. Füge die gewürfelte Zwiebel, den Knoblauch und die rote Paprika hinzu und dünste alles für etwa 5 Minuten, bis die Zwiebel glasig ist.

4. Füge die Dosen-Tomaten, das Tomatenmark, das Chili-Pulver, den Kreuzkümmel und das Paprikapulver zur Pfanne hinzu. Lass alles für etwa 10 Minuten köcheln, bis die Soße eindickt.

5. Füge die Kidneybohnen zur Pfanne hinzu und köchle alles für weitere 5 Minuten. Schmecke mit Salz und Pfeffer ab.

6. Nimm die Süßkartoffeln aus dem Ofen und gib sie zu deinem Chili. Rühre alles gut durch, bis die Süßkartoffeln gut mit dem Chili vermischt sind. Lass das Ganze noch 2-3 Minuten ziehen.

7. Serviere dein Süßkartoffel-Chili heiß und genieße es!

Knoblauch-Lachs auf Spinatbett

Zubereitungszeit: 25 Minuten
Portionen: 1 Person

Zutaten:

- 150 g Lachsfilet, frisch und ohne Haut
- 1 Knoblauchzehe, fein gehackt
- 2 TL natives Olivenöl extra
- 100 g frischer Spinat, gewaschen und grob gehackt
- Salz und Pfeffer nach Geschmack
- 50 ml Gemüsebrühe, salzarm
- 1 EL Bio-Zitronensaft, frisch gepresst
- 2 EL Frühlingszwiebeln, fein gehackt
- 1 EL frischer Dill, gehackt
- 1 EL Senf

Zubereitung:

1. Heize deinen Ofen auf 180 Grad vor.

2. Lege das Lachsfilet auf ein mit Backpapier ausgelegtes Backblech.

3. Mische den gehackten Knoblauch mit 1 TL Olivenöl und bestreiche damit das Lachsfilet. Würze es mit etwas Salz und Pfeffer.

4. Gib das Lachsfilet in den vorgeheizten Ofen und backe es für 12-15 Minuten oder bis es gerade durchgegart ist.

5. Während der Lachs kocht, erhitzt du den restlichen TL Olivenöl in einer Pfanne auf mittlerer Hitze.

6. Füge den Spinat hinzu und würze ihn mit Salz und Pfeffer. Gieße die Gemüsebrühe hinzu und lass den Spinat schmoren, bis er welk ist.

7. Sobald der Spinat fertig ist, nimm die Pfanne vom Herd und füge den Zitronensaft, die Frühlingszwiebeln und den Dill hinzu. Mische alles gut durch.

8. Wenn der Lachs fertig ist, nimm ihn aus dem Ofen. Lege den Spinat auf einen Teller und platziere den Lachs obenauf. Gib einen EL Senf dazu und serviere das Gericht heiß.

Auberginen-Pizza ohne Teig

Zubereitungszeit: 25 Minuten
Portionen: 1 Person

Zutaten:

- 1 große Aubergine, in 1 cm dicke Scheiben geschnitten
- 1 TL natives Olivenöl extra
- Salz und Pfeffer zum Würzen
- 100 g passierte Tomaten (Tomatensauce)
- 1 TL getrockneter Oregano
- 1/2 kleine rote Zwiebel, dünn geschnitten
- 50 g fettarmer Mozzarella, gerieben
- Eine Handvoll frisches Basilikum, grob geschnitten

Zubereitung:

1. Heize deinen Backofen auf 200 Grad vor.

2. Lege die Auberginenscheiben auf ein mit Backpapier ausgelegtes Backblech. Bestreiche jede Scheibe mit Olivenöl und würze sie mit Salz und Pfeffer. Backe die Auberginen im vorgeheizten Ofen etwa 10 Minuten, bis sie weich sind.

3. Während die Auberginen backen, erhitze die passierten Tomaten in einer kleinen Pfanne. Füge den Oregano hinzu und lasse die Sauce 5 Minuten köcheln.

4. Hole das Backblech aus dem Ofen und verteile die Tomatensauce gleichmäßig auf den Auberginenscheiben. Streue die rote Zwiebel und den geriebenen Mozzarella darüber.

5. Gib das Backblech zurück in den Ofen und backe weitere 5 Minuten, bis der Käse geschmolzen und leicht gebräunt ist.

6. Nimm die Auberginen-Pizza aus dem Ofen und streue das frische Basilikum darüber. Lass sie ein paar Minuten abkühlen, bevor du sie servierst.

Zucchini-Spaghetti mit Avocado-Pesto

Zubereitungszeit: 20 Minuten
Portionen: 1 Person

Zutaten:

- 1 mittelgroße Zucchini, gewaschen und Enden entfernt
- 1 reife Avocado, halbiert und entkernt
- 15 g frisches Basilikum, gewaschen
- 1 EL Bio-Zitronensaft
- 1 EL natives Olivenöl extra
- 1 kleine Knoblauchzehe, geschält
- Salz und Pfeffer nach Geschmack
- 10 g Pinienkerne, trocken geröstet
- 10 g Parmesan, gerieben, optional

Zubereitung:

1. Zuerst bereitest du die Zucchini vor. Verwende einen Spiralschneider, um die Zucchini in Spaghetti-ähnliche Streifen zu schneiden. Leg sie zur Seite.

2. Jetzt geht's ans Pesto. Nimm die Avocado und löffle das Fruchtfleisch in einen Mixer oder eine Küchenmaschine. Füge das Basilikum, den Zitronensaft, das Olivenöl und die Knoblauchzehe hinzu. Schmecke mit Salz und Pfeffer ab.

3. Mixe die Zutaten auf hoher Stufe, bis sie zu einer cremigen Sauce verarbeitet sind. Füge bei Bedarf etwas Wasser hinzu, um die gewünschte Konsistenz zu erreichen.

4. Jetzt sind die Zucchini an der Reihe. Erhitze eine Pfanne auf mittlerer Stufe und füge die Zucchini-Spaghetti hinzu. Dünste sie etwa 2-3 Minuten lang, bis sie etwas weicher, aber noch bissfest sind.

5. Schalte die Hitze aus und gib das Avocado-Pesto zu den Zucchini in die Pfanne. Mische alles gut durch, bis alle Zucchini gut mit Pesto bedeckt sind.

6. Zum Schluss bestreue dein Gericht mit den gerösteten Pinienkernen und optional mit etwas geriebenem Parmesan.

Linsen-Bolognese mit Vollkornspaghetti

Zubereitungszeit: 35 Minuten
Portionen: 1 Person

Zutaten:

- 75 g Vollkornspaghetti
- 60 g rote Linsen, getrocknet
- 1 kleine Zwiebel, fein gehackt
- 1 Knoblauchzehe, fein gehackt
- 1 kleine Karotte, fein gewürfelt
- 1/2 Stange Sellerie, fein gewürfelt
- 400 ml passierte Tomaten
- 1 EL natives Olivenöl extra
- 1 TL italienische Kräutermischung
- 1/2 TL rote Chiliflocken
- Salz und Pfeffer nach Geschmack
- Frisches Basilikum zur Garnierung

Zubereitung:

1. Die Linsen in einem Topf mit Wasser (genug, um sie zu bedecken) zum Kochen bringen und etwa 20 Minuten garen, bis sie weich sind. Abgießen und beiseite stellen.

2. In einer großen Pfanne das Olivenöl erhitzen. Zwiebel, Knoblauch, Karotte und Sellerie hinzufügen und unter gelegentlichem Rühren 5-7 Minuten anbraten, bis die Zwiebel glasig und das Gemüse weich ist.

3. Die gekochten Linsen, passierten Tomaten, italienische Kräutermischung und Chiliflocken zur Pfanne hinzufügen. Alles gut vermischen und zum Kochen bringen. Dann die Hitze reduzieren und die Bolognese 15 Minuten köcheln lassen, bis sie eingedickt ist. Mit Salz und Pfeffer abschmecken.

4. Während die Bolognese köchelt, die Spaghetti in einem Topf mit kochendem Wasser nach Packungsanweisung kochen.

5. Die gekochten Spaghetti abgießen und auf einen Teller legen. Die Linsen-Bolognese darüber geben und mit frischem Basilikum garnieren. Guten Appetit!

Gebackener Feta auf mediterranem Gemüse

Zubereitungszeit: 35 Minuten
Portionen: 1 Person

Zutaten:

- 150 g Feta (am Stück)
- 1 mittelgroße rote Paprika, gewürfelt
- 1 kleine Zucchini, gewürfelt
- 1 kleine Aubergine, gewürfelt
- 1 gelbe Paprika, gewürfelt
- 1 mittelgroße rote Zwiebel, gehackt
- 2 EL natives Olivenöl extra
- 1 TL getrockneter Oregano
- Salz und Pfeffer zum Abschmecken
- 1 EL frisch gehackte Petersilie

Zubereitung:

1. Heize deinen Backofen auf 200 Grad vor.

2. Verteile die gewürfelten Gemüsesorten und die gehackte Zwiebel auf einem Backblech. Gib das Olivenöl darüber und streue den Oregano, Salz und Pfeffer darüber. Verteile alles gut, sodass das Gemüse gleichmäßig mit den Gewürzen und dem Öl bedeckt ist.

3. Setze das Feta-Stück in die Mitte des Gemüses und schiebe das Blech in den Ofen. Backe alles für 20-25 Minuten, bis das Gemüse weich und der Feta leicht gebräunt ist.

4. Nimm das Blech aus dem Ofen und bestreue alles mit der frisch gehackten Petersilie. Serviere dein Gericht, solange es noch warm ist und genieße den geschmackvollen Mix aus gebackenem Feta und mediterranem Gemüse.

Vollkorn-Wraps mit Hummus und Gemüse

Zubereitungszeit: 20 Minuten
Portionen: 1 Person

Zutaten:

- 1 Vollkorn-Tortilla, bereits gekauft
- 50 g Kichererbsen aus der Dose, abgespült und abgetropft
- 1 kleine Karotte, geschält und in dünne Streifen geschnitten
- Eine Handvoll Spinatblätter, gewaschen und getrocknet
- 1 Frühlingszwiebel, gewaschen und in dünne Ringe geschnitten
- 2 EL natives Olivenöl extra
- 1 TL Kreuzkümmel (gemahlen)
- 1 TL Bio-Zitronensaft
- Salz und Pfeffer nach Geschmack

Zubereitung:

1. Erwärme eine Pfanne bei mittlerer Hitze. Gib 1 EL Olivenöl hinzu und erhitze es.

2. Gib die Kichererbsen in die Pfanne und brate sie für etwa 5 Minuten, bis sie leicht gebräunt sind. Würze sie mit Kreuzkümmel, Salz und Pfeffer.

3. Nimm die Pfanne vom Herd und lasse die Kichererbsen etwas abkühlen. Gib sie dann in eine Schüssel und zerdrücke sie mit einer Gabel, bis eine grobe Paste entsteht.

4. Gib den Zitronensaft und den restlichen EL Olivenöl in die Schüssel und mische alles gut durch. Das ist dein selbstgemachter Hummus!

5. Breite nun den Hummus auf deiner Vollkorn-Tortilla aus. Verteile danach die Karottenstreifen, Spinatblätter und Frühlingszwiebelringe darauf.

6. Rolle die Tortilla fest zusammen, schneide sie in der Mitte durch und serviere sie sofort.

Spinat-Pilz-Omelette

Zubereitungszeit: 15 Minuten
Portionen: 1 Person

Zutaten:

- 100 g frischen Spinat, gewaschen
- 100 g Champignons, geschnitten
- 2 Eiweiß
- 1 EL natives Olivenöl extra
- Salz und Pfeffer nach Geschmack
- 1 TL gehackte frische Petersilie
- 1 EL Hefeflocken (optional, für einen käsigen Geschmack)

Zubereitung:

1. Erhitze das Olivenöl in einer Pfanne auf mittlerer Hitze. Gib die Champignons dazu und brate sie an, bis sie goldbraun sind. Nimm sie aus der Pfanne und stell sie beiseite.

2. Im gleichen Öl, gib nun den frischen Spinat dazu. Würze mit etwas Salz und Pfeffer und lass den Spinat zusammenfallen. Dies sollte in etwa 2-3 Minuten passieren.

3. Während der Spinat kocht, schlage die Eiweiße in einer Schüssel auf, bis sie schaumig sind. Gib Salz, Pfeffer und Hefeflocken hinzu und rühre sie gut durch.

4. Gib die angebratenen Champignons und den Spinat in die Eiweißmischung und rühre sie noch einmal durch.

5. Gib diese Mischung zurück in die Pfanne und lass sie auf mittlerer Hitze garen, bis die Unterseite des Omeletts fest ist. Dies sollte etwa 3-4 Minuten dauern.

6. Drehe das Omelett mit einem Spatel um und koche es auf der anderen Seite für weitere 2 Minuten, bis es vollständig durchgegart ist.

7. Gib das fertige Omelett auf einen Teller und bestreue es mit der frischen Petersilie.

Buchweizen-Pilz-Pfanne

Zubereitungszeit: 30 Minuten
Portionen: 1 Person

Zutaten:

- 100 g Buchweizen, trocken
- 200 g frische Pilze, sauber gebürstet und in Scheiben geschnitten
- 1 EL natives Olivenöl extra
- 1 kleine Zwiebel, fein gehackt
- 1 Knoblauchzehe, fein gehackt
- 1 TL getrockneter Thymian
- 1 EL frisch gehackte Petersilie
- 150 ml Gemüsebrühe, salzarm
- Salz und Pfeffer zum Abschmecken

Zubereitung:

1. Den Buchweizen in einem Sieb abspülen und abtropfen lassen.

2. Das Olivenöl in einer Pfanne erhitzen. Die Zwiebel und den Knoblauch darin glasig anbraten.

3. Die Pilze hinzufügen und bei mittlerer Hitze für etwa 5 Minuten braten, bis sie weich und goldbraun sind.

4. Nun den Buchweizen und Thymian hinzufügen und alles gut vermischen.

5. Die Gemüsebrühe in die Pfanne gießen und zum Kochen bringen. Dann die Hitze reduzieren und den Buchweizen etwa 15 Minuten köcheln lassen, bis er weich ist und die Flüssigkeit absorbiert hat.

6. Mit Salz und Pfeffer abschmecken und zum Schluss die gehackte Petersilie unterrühren.

Kichererbsen-Curry mit Spinat

Zubereitungszeit: 30 Minuten
Portionen: 1 Person

Zutaten:

- 100 g Kichererbsen, eingeweicht und gekocht
- 100 g frischer Spinat, gewaschen und grob gehackt
- 100 g Tomaten, gewürfelt
- 1 kleine Zwiebel, fein gewürfelt
- 1 EL natives Olivenöl extra
- 1 TL Currypulver
- 1 TL Kreuzkümmel, gemahlen
- 1 TL Kurkuma, gemahlen
- 1 Knoblauchzehe, fein gehackt
- 1/2 TL Ingwer, frisch gerieben
- 250 ml Gemüsebrühe, salzarm
- Salz und Pfeffer nach Geschmack

Zubereitung:

1. Du erhitzt das Olivenöl in einer Pfanne und gibst die gewürfelte Zwiebel hinein. Du dünstest sie, bis sie glasig und weich wird.

2. Füge den gehackten Knoblauch und den geriebenen Ingwer hinzu. Du brätst alles zusammen an, bis die Gewürze ihr Aroma freisetzen.

3. Nun kommen die Kichererbsen dazu. Du rührst gut um und lässt alles einige Minuten zusammen köcheln, so dass die Kichererbsen die Gewürze aufnehmen können.

4. Die gewürfelten Tomaten, das Currypulver, den Kreuzkümmel und die Kurkuma gibst du hinzu und rührst alles gut durch.

5. Jetzt fügst du die Gemüsebrühe hinzu und lässt das Ganze etwa 10 Minuten auf mittlerer Hitze köcheln.

6. Während das Curry köchelt, kannst du den Spinat hacken. Wenn die Flüssigkeit etwas reduziert ist, gibst du den Spinat hinzu und rührst ihn unter.

7. Nun lässt du das Curry weitere 5 Minuten köcheln, bis der Spinat zusammengefallen ist und alles gut vermengt ist. Zum Schluss schmeckst du mit Salz und Pfeffer ab und servierst das Curry heiß.

Dinkelrisotto mit grünem Spargel

Zubereitungszeit: 40 Minuten
Portionen: 1 Person

Zutaten:

- 75 g Dinkelkörner, trocken
- 150 g grüner Spargel, gewaschen und in mundgerechte Stücke geschnitten
- 1 kleine Zwiebel, fein gewürfelt
- 1 EL natives Olivenöl extra
- 500 ml Gemüsebrühe, salzarm
- 1 TL Bio-Zitronensaft, frisch gepresst
- 1 Prise Salz
- 1 Prise schwarzer Pfeffer, frisch gemahlen
- 2 EL Petersilie, frisch gehackt
- 30 g Parmesan, gerieben

Zubereitung:

1. Lege die Dinkelkörner in 200 ml der Gemüsebrühe und lasse sie mindestens 12 Stunden oder über Nacht einweichen.

2. Erhitze das Olivenöl in einer Pfanne und dünste die Zwiebel darin glasig an.

3. Gib die eingeweichten Dinkelkörner hinzu und röste diese kurz mit der Zwiebel an.

4. Füge nach und nach die restliche Gemüsebrühe dazu und lass das Ganze unter gelegentlichem Rühren köcheln, bis die Flüssigkeit nahezu vollständig aufgenommen ist.

5. Während die Dinkelkörner köcheln, brate den grünen Spargel in einer separaten Pfanne an, bis er leicht gebräunt und noch bissfest ist.

6. Wenn die Dinkelkörner gar sind, schmecke das Ganze mit Salz, Pfeffer und Zitronensaft ab.

7. Mische den Spargel und die gehackte Petersilie unter die Dinkelkörner.

8. Zum Schluss streue den geriebenen Parmesan darüber und serviere das Gericht sofort.

Snacks & kleine Mahlzeiten

Geröstete Kichererbsen mit Paprika

Zubereitungszeit: 25 Minuten
Portionen: 1 Person

Zutaten:

- 100 g Kichererbsen, über Nacht eingeweicht
- 1 Paprika, gewürfelt
- 1 EL natives Olivenöl extra
- 1 TL Paprikapulver, scharf
- 1 TL Kreuzkümmel, gemahlen
- Salz, nach Geschmack
- 1 Handvoll frisches Basilikum, fein gehackt

Zubereitung:

1. Heize den Ofen auf 200 Grad vor.

2. Spüle die Kichererbsen unter fließendem Wasser ab und trockne sie gut ab.

3. Gib die gewürfelte Paprika und die abgetrockneten Kichererbsen in eine Schüssel. Gib das Olivenöl, Paprikapulver, Kreuzkümmel und Salz hinzu und mische alles gründlich, bis alle Zutaten gut miteinander vermischt sind.

4. Lege ein Backblech mit Backpapier aus und verteile die Kichererbsen-Paprika-Mischung gleichmäßig darauf.

5. Röste die Mischung im Ofen für etwa 20 Minuten, oder bis die Kichererbsen goldbraun und knusprig sind und die Paprika weich ist.

6. Nimm das Backblech aus dem Ofen und lass die Kichererbsen und Paprika kurz abkühlen.

7. Gib das geröstete Gemüse zurück in die Schüssel und mische das gehackte Basilikum unter.

8. Genieße deine gerösteten Kichererbsen als leckeren Snack oder als Beilage zu deinem Hauptgericht.

Edamame mit Meersalz

Zubereitungszeit: 15 Minuten
Portionen: 1 Person

Zutaten:

- 200 g gefrorene Edamame, ungeschält
- 1 TL Meersalz, grob
- 1 EL natives Olivenöl extra
- 1 kleine Knoblauchzehe, fein gehackt
- 1 kleines Stück frischer Ingwer, ca. 1 cm, fein gerieben

Zubereitung:

1. Stelle einen kleinen Topf mit Wasser auf den Herd und bringe es zum Kochen. Gib die gefrorenen Edamame hinein und koche sie für ca. 5 Minuten, bis sie weich sind.

2. Während die Edamame kochen, erhitzt du in einer kleinen Pfanne das Olivenöl auf mittlerer Stufe. Füge den gehackten Knoblauch und den geriebenen Ingwer hinzu und brate sie unter Rühren an, bis sie goldbraun und duftend sind. Sei vorsichtig, damit sie nicht verbrennen.

3. Nachdem die Edamame fertig gekocht sind, gieße das Wasser ab und füge sie zur Pfanne mit Knoblauch und Ingwer hinzu. Vermische alles gut und brate es noch eine Minute lang, bis die Edamame mit Knoblauch und Ingwer überzogen sind.

4. Schalte die Hitze aus und streue das grobe Meersalz über die Edamame. Rühre ein letztes Mal um, um sicherzustellen, dass die Edamame gleichmäßig mit Salz bedeckt sind.

5. Serviere die Edamame warm und genieße sie, indem du die Bohnen direkt aus der Schale isst. Vorsicht, die Schale ist nicht zum Verzehr geeignet!

Karottensticks mit Avocado-Dip

Zubereitungszeit: 15 Minuten
Portionen: 1 Person

Zutaten:

- 2 frische Karotten, gewaschen und in Sticks geschnitten
- 1 reife Avocado, halbiert und entkernt
- 1 kleine Zwiebel, fein gewürfelt
- 1 kleine Knoblauchzehe, fein gehackt
- Saft einer halben Bio-Limette
- 1 EL natives Olivenöl extra
- Salz und Pfeffer nach Geschmack
- 1 TL gemahlener Kreuzkümmel
- 1 EL gehackter frischer Koriander

Zubereitung:

1. Beginne damit, die Karotten zu waschen und in Sticks zu schneiden. Lege sie beiseite.

2. Für den Avocado-Dip: Halbiere die Avocado, entnehme den Kern und löffle das Fruchtfleisch in eine Schüssel.

3. Füge den fein gewürfelten Zwiebel, den gehackten Knoblauch, den Limettensaft, das Olivenöl, Salz, Pfeffer und Kreuzkümmel hinzu. Mische alles gut durch.

4. Mit einer Gabel oder einem Kartoffelstampfer, zerdrücke die Avocado und vermische sie mit den restlichen Zutaten, bis eine glatte Masse entsteht.

5. Schmecke den Dip ab und füge bei Bedarf mehr Salz, Pfeffer oder Limettensaft hinzu. Rühre zum Schluss den frisch gehackten Koriander unter.

6. Serviere die Karottensticks zusammen mit dem Avocado-Dip. Genieße diesen gesunden und leckeren Snack sofort oder bewahre ihn für später im Kühlschrank auf.

Quinoa-Pfannkuchen mit Beeren

Zubereitungszeit: 25 Minuten
Portionen: ca. 6 Pfannkuchen

Zutaten:

- 70 g Quinoa, bereits gekocht
- 30 g Vollkornmehl
- 1 TL Backpulver
- 1 Prise Salz
- 1 Bio-Ei
- 80 ml Mandelmilch, unge-süßt
- 1 EL Honig
- 2 EL Rapsöl, für die Pfanne
- 100 g Beerenmischung, frisch und gewaschen

Zubereitung:

1. Vermische in einer mittelgroßen Schüssel Quinoa, Vollkornmehl, Backpulver und Salz miteinander.

2. Schlage in einer anderen Schüssel das Ei auf und verquirle es gut. Gib danach die Mandelmilch und den Honig hinzu und rühre alles bis zur Homogenität.

3. Gib die trockenen Zutaten aus der ersten Schüssel zu den feuchten Zu-taten in der zweiten Schüssel. Vermische alles gründlich, bis du einen gleichmäßigen Teig erhältst.

4. Erhitze eine Pfanne bei mittlerer Hitze und gib etwas Rapsöl hinein. Sobald das Öl heiß ist, gieße einen Teil des Teigs in die Pfanne. Du kannst etwa eine Kelle verwenden, um gleich große Pfannkuchen zu formen.

5. Backe jeden Pfannkuchen etwa 2-3 Minuten von jeder Seite, bis er goldbraun ist. Wiederhole diesen Vorgang mit dem restlichen Teig.

6. Serviere deine Pfannkuchen mit den frischen Beeren. Du kannst nach Belieben noch etwas Honig darüber träufeln.

Knusprige Zucchini-Chips

Zubereitungszeit: 15 Minuten
Portionen: 1 Person

Zutaten:

- 1 mittelgroße Zucchini, gewaschen und trocken getupft
- 2 EL natives Olivenöl extra
- 1/2 TL Salz
- 1/2 TL schwarzer Pfeffer
- 1 TL Paprikapulver, edelsüß

Zubereitung:

1. Heize den Backofen auf 120 Grad vor.

2. Schneide die Zucchini in dünne Scheiben, etwa 3-4 mm dick. Verwende dafür entweder ein scharfes Messer oder eine Mandoline.

3. Gib die Zucchinischeiben in eine große Schüssel. Träufle das Olivenöl darüber und würze mit Salz, Pfeffer und Paprikapulver.

4. Mische alles gut durch, damit alle Scheiben gleichmäßig mit Öl und Gewürzen bedeckt sind.

5. Lege ein Backblech mit Backpapier aus. Verteile die Zucchinischeiben darauf in einer einzigen Schicht, sie sollten sich nicht überlappen.

6. Backe die Zucchinischeiben im Ofen für ca. 2 Stunden. Sie sind fertig, wenn sie knusprig und leicht gebräunt sind.

7. Lass die Chips vollständig abkühlen, bevor du sie servierst. Sie werden beim Abkühlen noch etwas knuspriger. Genieße deine selbstgemachten, knusprigen Zucchini-Chips!

Apfel mit Mandelbutter

Zubereitungszeit: 15 Minuten
Portionen: 1 Person

Zutaten:

- 1 Apfel, gewaschen und geviertelt
- 50 g Mandeln, geröstet
- 1 TL Honig
- Prise Salz
- 1 TL Chiasamen
- 1 EL Haferflocken
- 2 EL Joghurt, fettarm

Zubereitung:

1. Zuerst nimmst du die gerösteten Mandeln und gibst sie in einen Mixer. Dazu fügst du eine Prise Salz und den Honig hinzu.

2. Nun beginnst du den Mixer zu starten, bis die Mandeln fein gemahlen sind und sich eine geschmeidige Masse, also unsere Mandelbutter, gebildet hat.

3. Im nächsten Schritt nimmst du die Äpfel und schneidest sie in dünne Scheiben oder Spalten.

4. Nun verteilst du die selbstgemachte Mandelbutter auf den Apfelspalten und bestreust das Ganze mit Haferflocken und Chiasamen.

5. Als letzten Schritt gibst du 2 EL Joghurt dazu, um das Ganze abzurunden.

Bananen-Haferflocken-Kekse

Zubereitungszeit: 25 Minuten
Portionen: 10 Kekse

Zutaten:

- 2 reife Bananen, gepellt und zerdrückt
- 100 g feine Haferflocken
- 50 g Walnüsse, grob gehackt
- 1 EL Leinsamen, gemahlen
- 1 EL Honig
- 1 TL Zimt, gemahlen
- Prise Salz

Zubereitung:

1. Heize den Backofen auf 180 Grad vor.
2. Nimm eine Schüssel und gib dort die zerdrückten Bananen, Haferflocken, gehackte Walnüsse, gemahlene Leinsamen, Honig, Zimt und eine Prise Salz hinein.
3. Verrühre alles gut miteinander, bis eine gleichmäßige Masse entsteht.
4. Forme mit deinen Händen etwa 10 Kekse aus der Masse und lege sie auf ein mit Backpapier ausgelegtes Backblech.
5. Backe die Kekse etwa 15 Minuten, oder bis sie schön goldbraun sind.
6. Lass die Kekse etwas auf dem Blech abkühlen, bevor du sie servierst. Sie schmecken sowohl warm als auch kalt sehr lecker.

Hummus mit Gemüsesticks

Zubereitungszeit: 15 Minuten
Portionen: 1 Person

Zutaten:

- 100 g Kichererbsen, bereits gekocht
- 1 EL natives Olivenöl extra
- Saft von einer halben Bio-Zitrone
- 1 TL Tahin (Sesampaste)
- 1 Knoblauchzehe, gehackt
- Salz und Pfeffer nach Geschmack
- Eine Prise Kreuzkümmel
- Verschiedene Gemüse (zum Beispiel: 1 Karotte, 1/2 Gurke, 1/2 Paprika), gewaschen und in Sticks geschnitten

Zubereitung:

1. Nimm eine Küchenmaschine oder einen Mixer und gib die gekochten Kichererbsen, das Olivenöl, den Zitronensaft, die Sesampaste, die gehackte Knoblauchzehe, Salz, Pfeffer und eine Prise Kreuzkümmel hinein.

2. Mixe alle Zutaten, bis sie eine glatte und cremige Paste bilden. Sollte der Hummus zu dick sein, füge ein wenig Wasser hinzu und mixe erneut.

3. Schmecke den Hummus ab und füge bei Bedarf noch etwas Salz oder Pfeffer hinzu.

4. Schneide die ausgewählten Gemüsesorten in Sticks und serviere sie zusammen mit dem frisch zubereiteten Hummus.

Übernacht Haferflocken mit Chia

Zubereitungszeit: 10 Minuten
Portionen: 1 Person

Zutaten:

- 50 g Haferflocken
- 1 EL Chiasamen
- 200 ml ungesüßte Mandel-milch
- 1/2 reife Banane, zerdrückt
- 1 TL Honig oder Ahornsirup, optional
- 1/4 TL Vanilleextrakt
- Eine Prise Zimt
- Eine Handvoll frische Beeren, gewaschen und geschnitten
- 2 EL griechischer Joghurt, fettarm

Zubereitung:

1. Nimm eine Glas- oder Keramikschale und füge die Haferflocken sowie die Chiasamen hinzu.

2. Die zerdrückte Banane, Vanilleextrakt und Zimt gibst du jetzt dazu und verrührst alles gut miteinander.

3. Nun gießt du die Mandelmilch über die Haferflocken-Mischung und rührst so lange, bis alle Zutaten gut vermischt sind.

4. Wenn du magst, süße mit Honig oder Ahornsirup. Das ist aber optional, je nach deinem Geschmack.

5. Decke die Schale ab und stell sie über Nacht in den Kühlschrank. Die Haferflocken und Chiasamen quellen auf und es entsteht eine puddingähnliche Konsistenz.

6. Am nächsten Morgen holst du die Schale aus dem Kühlschrank. Gib den griechischen Joghurt und die frischen Beeren darüber und genieße deine leckere Mahlzeit!

Antipasti-Spieße mit Oliven und Paprika

Zubereitungszeit: 20 Minuten
Portionen: 5 Spieße

Zutaten:

- 10 schwarze Oliven ohne Kern, abgetropft
- 1 rote Paprika, gewaschen und in Würfel geschnitten
- 1 Zucchini, gewaschen und in Scheiben geschnitten
- 100 g Fetakäse, gewürfelt
- 2 EL natives Olivenöl extra
- 1 TL Oregano
- 1/2 TL schwarzer Pfeffer
- 5 Holzspieße

Zubereitung:

1. Heize deinen Grill oder eine Grillpfanne vor.

2. Stecke abwechselnd Oliven, Paprikastücke, Zucchinischeiben und Fetawürfel auf die Holzspieße. Du solltest zwei von jeder Zutat pro Spieß haben.

3. In einer kleinen Schüssel vermischt du das Olivenöl, Oregano und Pfeffer. Rühre alles gut um, bis sich die Gewürze im Öl verteilt haben.

4. Bestreiche nun deine Spieße mit der Gewürz-Öl-Mischung.

5. Lege die Spieße vorsichtig auf den Grill oder in die Grillpfanne und grille sie für etwa 5-7 Minuten, oder bis die Zucchini und Paprika weich und leicht gebräunt sind.

6. Nimm die Spieße vom Grill und serviere sie warm.

Frühstück

Beeren-Müsli mit Nüssen

Zubereitungszeit: 10 Minuten
Portionen: 1 Person

Zutaten:

- 50 g Haferflocken, fein
- 150 ml Mandelmilch, ungesüßt
- 15 g Walnüsse, grob gehackt
- 15 g Mandeln, grob gehackt
- 75 g Beeren (z.B. Erdbeeren, Blaubeeren), frisch und gewaschen
- 1 TL Chia-Samen
- 1 TL Honig oder Ahornsirup, optional

Zubereitung:

1. In einer Schüssel die Haferflocken mit der Mandelmilch vermischen. Lass das Ganze für etwa 5 Minuten quellen, bis die Haferflocken die Milch aufgenommen haben.

2. Währenddessen die Walnüsse und Mandeln in einer Pfanne ohne Öl bei mittlerer Hitze anrösten, bis sie leicht gebräunt und duftend sind. Achte darauf, sie nicht verbrennen zu lassen. Dann vom Herd nehmen und abkühlen lassen.

3. Die Beeren waschen und falls nötig, kleiner schneiden. Größere Beeren wie Erdbeeren sollten halbiert oder geviertelt werden, kleinere Beeren wie Blaubeeren können ganz bleiben.

4. Nun gibst du die Beeren, die gerösteten Nüsse und die Chia-Samen zu den Haferflocken in die Schüssel.

5. Das Müsli nach Belieben mit Honig oder Ahornsirup süßen und alles gut durchmischen.

6. Jetzt ist dein Beeren-Müsli fertig. Guten Appetit!

Avocado-Ei-Aufstrich auf Vollkornbrot

Zubereitungszeit: 15 Minuten
Portionen: 1 Person

Zutaten:

- 2 Scheiben Vollkornbrot
- 1 reife Avocado, halbiert und entkernt
- 1 hartgekochtes Bio-Ei, geschält und fein gehackt
- 1 EL frisch gepresster Bio-Zitronensaft
- 1 kleine Frühlingszwiebel, fein gehackt
- Salz und Pfeffer nach Geschmack
- 1 TL Leinöl (optional)

Zubereitung:

1. Toaste die Vollkornbrotscheiben in einem Toaster, bis sie schön knusprig sind.

2. Während dein Brot toastet, zerdrücke die Avocado in einer Schüssel mit einer Gabel zu einem Brei.

3. Gib das gehackte Ei, den Zitronensaft und die Frühlingszwiebel hinzu und vermische alles gut miteinander. Schmecke die Mischung mit Salz und Pfeffer ab.

4. Sobald dein Brot fertig ist, verteile den Avocado-Ei-Aufstrich gleichmäßig auf beiden Scheiben. Träufle eventuell etwas Leinöl über den Aufstrich für einen zusätzlichen Geschmacks- und Gesundheitskick.

5. Genieße dein nährstoffreiches Frühstück sofort, solange das Brot noch warm ist.

Haferflocken-Pfannkuchen mit Früchten

Zubereitungszeit: 20 Minuten
Portionen: ca. 6 Pfannkuchen

Zutaten:

- 70 g Haferflocken, gemahlen
- 120 ml fettarme Milch
- 1 Bio-Ei
- 1/2 TL Backpulver
- 1 Prise Salz
- 1 EL Honig
- 200 g gemischte Früchte (z.B. Beeren, Apfel, Birne), gewürfelt
- 1 TL Kokosöl zum Braten

Zubereitung:

1. Beginne damit, deine Haferflocken in einer Küchenmaschine oder einem Mixer zu mahlen, bis sie fein sind.

2. Vermische in einer Schüssel die gemahlenen Haferflocken, Backpulver und Salz. In einer separaten Schüssel verquirlst du das Ei mit der Milch und dem Honig.

3. Gib nun die flüssigen Zutaten zu den trockenen und verrühre alles zu einem glatten Teig.

4. Erhitze das Kokosöl in einer Pfanne auf mittlerer Hitze. Gib eine kleine Portion des Teigs hinein und brate den Pfannkuchen von beiden Seiten goldbraun. Wiederhole diesen Vorgang, bis der gesamte Teig verbraucht ist.

5. Während deine Pfannkuchen braten, kannst du die Früchte waschen und in kleine Stücke schneiden.

6. Sobald alle Pfannkuchen gebraten sind, verteile die Früchte darauf und serviere sie direkt.

Chia-Pudding mit Kokosmilch

Zubereitungszeit: 10 Minuten
Portionen: 1 Person

Zutaten:

- 2 EL Chiasamen
- 200 ml Kokosmilch, ungesüßt
- 1 TL Honig, nach Belieben
- 1 kleine Banane, geschält
  und in Scheiben geschnitten
- 1 EL Mandeln, gehackt
- 1 Prise Zimt

Zubereitung:

1. Nimm eine kleine Schüssel und gib die Chiasamen hinein.

2. Gieße die Kokosmilch darüber und rühre alles gut um, bis die Samen vollständig mit der Milch bedeckt sind.

3. Stelle die Schüssel in den Kühlschrank und lass sie dort über Nacht stehen. Die Chiasamen werden die Kokosmilch aufsaugen und eine puddingartige Konsistenz entwickeln.

4. Am nächsten Morgen holst du die Schüssel aus dem Kühlschrank. Wenn du möchtest, kannst du jetzt den Honig dazugeben und alles gut umrühren.

5. Bevor du den Pudding servierst, garniere ihn mit den Bananenscheiben und den gehackten Mandeln. Eine Prise Zimt rundet das Geschmackserlebnis ab.

Bircher-Müsli mit Apfel und Zimt

Zubereitungszeit: 10 Minuten
Portionen: 1 Person

Zutaten:

- 50 g Haferflocken, grob
- 120 ml Mandelmilch, unge-süßt
- 1 mittelgroßer Apfel, gewaschen und geraspelt
- 1 TL Zimt, gemahlen
- 1 EL Rosinen
- 10 g Mandeln, grob gehackt
- 1 TL Honig, optional

Zubereitung:

1. Gieße die Haferflocken in eine mittelgroße Schüssel.

2. Füge die Mandelmilch hinzu und rühre alles gut um, sodass die Haferflocken gleichmäßig benetzt sind.

3. Gib nun den geraspelten Apfel, den Zimt und die Rosinen hinzu. Rühre erneut um, bis alles gut vermischt ist.

4. Lass das Müsli mindestens 10 Minuten ziehen, damit die Haferflocken weicher werden und die Aromen sich entfalten können.

5. In der Zwischenzeit hacke die Mandeln grob und röste sie kurz in einer heißen Pfanne ohne Fett, bis sie goldbraun sind und duften.

6. Bestreue das Müsli mit den gerösteten Mandeln und gib, wenn du möchtest, noch einen TL Honig darüber. Guten Appetit!

Quinoa-Porridge mit Mandelmilch

Zubereitungszeit: 15 Minuten
Portionen: 1 Person

Zutaten:

- 50 g weißer Quinoa, abge-spült und abgetropft
- 240 ml ungesüßte Mandel-milch
- Eine Prise Salz
- 1/2 TL Vanilleextrakt
- 1 EL Honig oder Ahornsirup, je nach Vorliebe
- 1 EL Mandeln, gehackt und leicht geröstet
- Eine Handvoll frische Beeren (Blaubeeren, Erdbeeren, Himbeeren)

Zubereitung:

1. Lege den abgespülten Quinoa in einen mittelgroßen Topf. Gib die Mandelmilch und eine Prise Salz hinzu. Bring das Ganze bei mittlerer Hitze zum Kochen.

2. Sobald es kocht, reduziere die Hitze auf ein niedriges Niveau und lass den Quinoa 10-12 Minuten köcheln. Rühre gelegentlich um, um zu verhindern, dass der Quinoa am Boden des Topfes kleben bleibt.

3. Wenn der Quinoa die Milch aufgenommen hat und weich geworden ist, füge den Vanilleextrakt hinzu und rühre um. Schalte die Hitze aus und lass den Quinoa-Porridge einen Moment abkühlen.

4. Gib den Honig oder Ahornsirup über den Porridge und rühre gut um. Probiere und füge mehr Süßstoff hinzu, wenn gewünscht.

5. Gib den Quinoa-Porridge in eine Schüssel, streue die gehackten Mandeln darüber und belege mit den frischen Beeren.

6. Fertig ist dein herzhaftes Frühstück!

Vollkornbrot mit Tomate und Mozzarella

Zubereitungszeit: 15 Minuten
Portionen: 1 Person

Zutaten:

- 2 Scheiben Vollkornbrot
- 1 reife Tomate, in Scheiben geschnitten
- 50 g Mozzarella, in Scheiben geschnitten
- 1 EL natives Olivenöl extra
- Eine Prise Meersalz und schwarzer Pfeffer
- Einige frische Basilikumblätter

Zubereitung:

1. Nimm deine zwei Scheiben Vollkornbrot und bestreiche jede Seite mit einem halben EL Olivenöl.

2. Stelle eine Pfanne auf mittlerer Hitze auf den Herd und röste das Brot auf jeder Seite etwa 2-3 Minuten, bis es schön knusprig und goldbraun ist.

3. Lege die Brotscheiben auf einen Teller und belege sie abwechselnd mit den Tomaten- und Mozzarellascheiben.

4. Gib eine Prise Meersalz und frisch gemahlenen schwarzen Pfeffer über das belegte Brot.

5. Schmücke das Ganze mit den frischen Basilikumblättern und beträufle es mit dem restlichen Olivenöl.

Mandelmilch-Porridge mit Beeren

Zubereitungszeit: 15 Minuten
Portionen: 1 Person

Zutaten:

- 50 g feine Haferflocken
- 250 ml Mandelmilch, ungesüßt
- Eine Prise Salz
- 1 EL Honig oder Agaven-
dicksaft
- 50 g frische gemischte Beeren (zum Beispiel Erdbeeren,
Himbeeren, Blaubeeren)
- 1 EL gehackte Mandeln

Zubereitung:

1. Gib die Haferflocken, Mandelmilch und eine Prise Salz in einen kleinen
Topf.

2. Erhitze die Mischung unter Rühren auf mittlerer Hitze. Lass alles für
etwa 10 Minuten köcheln, bis der Hafer die Flüssigkeit aufgenommen
hat und eine cremige Konsistenz erreicht ist.

3. Während das Porridge köchelt, wasche die Beeren gründlich und hacke die Mandeln grob.

4. Sobald das Porridge fertig ist, nimm den Topf vom Herd und rühre den
Honig oder Agavendicksaft ein.

5. Gib das Porridge in eine Schale und garniere es mit den frischen Beeren und den gehackten Mandeln.

6. Serviere dein Porridge warm. Guten Appetit!

Grünes Omelette mit Spinat und Feta

Zubereitungszeit: 15 Minuten
Portionen: 1 Person

Zutaten:

- 2 Eiweiß
- 50 g frischen Spinat, gewaschen und grob gehackt
- 30 g Feta-Käse, zerbröselt
- 1 EL frisch gehackte Petersilie
- 1 EL frisch geschnittene Frühlingszwiebeln
- 1 TL natives Olivenöl extra
- Salz und Pfeffer nach Geschmack

Zubereitung:

1. Du erhitzt das Olivenöl in einer kleinen, antihaftbeschichteten Pfanne bei mittlerer Hitze. Gib die gehackte Frühlingszwiebel in die Pfanne und brate sie an, bis sie weich und leicht goldbraun ist.

2. Füge nun den gehackten Spinat hinzu und brate ihn unter ständigem Rühren an, bis er welk und dunkelgrün ist.

3. Während der Spinat kocht, schlägst du die Eiweiße in einer Schüssel auf. Füge die gehackte Petersilie hinzu und würze mit Salz und Pfeffer.

4. Sobald der Spinat fertig ist, gießt du die Eiweißmischung über die Spinat- und Zwiebelmischung in der Pfanne. Senke die Hitze auf niedrig und bedecke die Pfanne. Lass das Omelett 5-7 Minuten garen, bis die Eiweiße gestockt sind.

5. Zum Schluss verteilst du den zerbröselten Feta-Käse auf der einen Hälfte des Omeletts und klappst das Omelett mit einem Pfannenwender auf den Käse. Lass es noch ein bis zwei Minuten weitergaren, bis der Käse leicht geschmolzen ist.

6. Fertig ist dein grünes Omelett! Serviere es heiß direkt aus der Pfanne und starte mit diesem herzhaften Frühstück in den Tag!

Chia-Samen-Brötchen

Zubereitungszeit: 20 Minuten
Portionen: 5 Brötchen

Zutaten:

- 50 g Chia-Samen
- 200 ml Wasser
- 200 g Vollkornmehl, gesiebt
- 1 TL Backpulver
- 1/2 TL Salz
- 2 EL Rapsöl, kaltgepresst

Zubereitung:

1. Nimm die Chia-Samen und das Wasser und gib beides in eine Schüssel. Rühre die Zutaten gut um und lasse sie dann für etwa 15 Minuten quellen, bis ein Gel entsteht.

2. In der Zwischenzeit siebe das Vollkornmehl in eine zweite Schüssel. Füge das Backpulver und das Salz hinzu und mische alles gut durch.

3. Wenn die Chia-Samen ausreichend gequollen sind, gib sie zu der Mehlmischung. Füge auch das Rapsöl hinzu und verknete alle Zutaten gut miteinander, bis ein homogener Teig entsteht.

4. Teile den Teig in 5 gleichgroße Portionen auf und forme sie zu Brötchen. Lege die Brötchen auf ein mit Backpapier ausgelegtes Backblech.

5. Heize deinen Backofen auf 180 Grad vor und backe die Brötchen für etwa 20 Minuten, bis sie goldbraun und knusprig sind. Prüfe die Brötchen mit einem Holzstäbchen, wenn kein Teig daran klebt, sind sie fertig.

6. Nimm die Brötchen aus dem Ofen und lasse sie kurz abkühlen, bevor du sie servierst. Guten Appetit!

Avocado-Smoothie-Bowl mit Beeren

Zubereitungszeit: 15 Minuten
Portionen: 1 Person

Zutaten:

- 1 reife Avocado, halbiert und entkernt
- 100 g gefrorene Beeren (Erdbeeren, Blaubeeren, Himbeeren), aufgetaut
- 100 ml Mandelmilch, ungesüßt
- 1 EL Chiasamen
- 1 EL Leinsamen
- 1 reife Banane, geschält
- 1 EL Honig nach Geschmack
- Eine Prise Zimt
- 1 EL Kakaonibs oder gehackte dunkle Schokolade (mindestens 70% Kakao), optional

Zubereitung:

1. Lege die Avocado, Beeren und Banane in den Mixer. Gieße die Mandelmilch dazu.

2. Füge den Honig und eine Prise Zimt hinzu. Mixe alles zu einer glatten Masse.

3. Gib die Mischung in eine Schüssel und streue die Chiasamen und Leinsamen obendrauf.

4. Wenn du möchtest, garniere die Smoothie-Bowl mit Kakaonibs oder gehackter dunkler Schokolade für zusätzlichen Crunch und ein wenig Süße.

5. Und schon ist deine Smoothie-Bowl fertig!

Buchweizen-Crêpes mit Früchten

Zubereitungszeit: 30 Minuten
Portionen: ca. 5 Crêpes

Zutaten:

- 75 g Buchweizenmehl
- 1 EL Leinsamen, gemahlen
- 3 EL Wasser
- 175 ml Mandelmilch, unge-süßt
- 1 TL Kokosblütenzucker
- 1 Prise Salz
- 1 TL Kokosöl (zum Ausbacken)
- 100 g frische Früchte deiner Wahl (z.B. Erdbeeren, Blaubeeren, Banane), gewaschen und geschnitten

Zubereitung:

1. Mische zuerst die gemahlenen Leinsamen mit dem Wasser in einer kleinen Schüssel. Lass das Ganze etwa 5 Minuten quellen. Dies ergibt eine Art „Leinsamen-Ei", das als Bindemittel für deine Crêpes dient.

2. In einer mittelgroßen Schüssel das Buchweizenmehl, Kokosblütenzucker und Salz miteinander vermischen.

3. Füge nun die Mandelmilch und das gequollene Leinsamen-Ei zur Mehlmischung hinzu. Rühre alles gut um, bis du einen glatten Teig hast.

4. Erhitze etwas Kokosöl in einer Pfanne bei mittlerer Hitze. Gib eine Kelle Teig hinein und verteile ihn durch Schwenken der Pfanne gleichmäßig.

5. Lasse den Crêpe von jeder Seite ca. 2 Minuten ausbacken, bis er schön goldbraun ist. Wiederhole diesen Schritt, bis der Teig aufgebraucht ist.

6. Serviere deine Crêpes warm und garniere sie mit den frischen Früchten.

Gesunde Bananen-Nuss-Muffins

Zubereitungszeit: 35 Minuten
Portionen: ca. 6 Muffins

Zutaten:

- 1 große reife Banane, zer-drückt
- 40 g gemahlene Mandeln
- 25 g feine Haferflocken
- 15 g Kokosmehl
- 1 EL Chiasamen
- 2 TL Backpulver
- 1 Prise Salz
- 50 ml Mandelmilch, unge-süßt
- 1 EL Honig oder Ahornsirup
- 1 TL Vanilleextrakt
- 30 g Nüsse, grob gehackt (z.B. Walnüsse oder Haselnüsse)

Zubereitung:

1. Heize deinen Ofen auf 180 Grad vor und bereite eine Muffinform vor. Du kannst dafür Papierförmchen verwenden oder die Form einfach gut einfetten.

2. In einer Schüssel die trockenen Zutaten (Mandeln, Haferflocken, Kokosmehl, Chiasamen, Backpulver, Salz) vermischen.

3. Die zerdrückte Banane, Mandelmilch, Honig oder Ahornsirup und Vanilleextrakt hinzufügen und alles gut miteinander vermengen.

4. Gehackte Nüsse in den Teig geben und gut durchrühren.

5. Den Teig gleichmäßig auf die Muffinförmchen verteilen und im vorgeheizten Ofen ca. 20-25 Minuten backen, bis die Muffins schön goldbraun sind und eine Stäbchenprobe sauber herauskommt.

6. Lass die Muffins ein paar Minuten in der Form abkühlen, bevor du sie herausnimmst und vollständig abkühlen lässt.

Rührei aus Tofu

Zubereitungszeit: 15 Minuten
Portionen: 1 Person

Zutaten:

- 200 g Tofu, fest und gut abgetropft
- 1 EL Rapsöl
- 1/4 TL Kurkuma, gemahlen
- 1/4 TL Paprikapulver, geräuchert
- Salz und Pfeffer nach Geschmack
- 1 Frühlingszwiebel, in Ringe geschnitten
- 1 Tomate, gewürfelt

Zubereitung:

1. Zerkrümle den Tofu mit deinen Händen in eine Schüssel. Es sollte die Textur von grobem Rührei haben.

2. Erhitze das Rapsöl in einer Pfanne über mittlerer Hitze.

3. Füge den zerkleinerten Tofu zur Pfanne hinzu und rühre gut um, so dass das Öl gleichmäßig verteilt ist.

4. Streue das Kurkuma und das geräucherte Paprikapulver über den Tofu und rühre erneut gut um. Das Kurkuma gibt dem Tofu die typische gelbe Farbe von Rührei und das geräucherte Paprikapulver verleiht ein leckeres Aroma.

5. Lass den Tofu etwa 5-7 Minuten braten, dabei gelegentlich umrühren. Während dieser Zeit bekommt der Tofu eine schöne, leicht knusprige Oberfläche.

6. Würze mit Salz und Pfeffer nach Geschmack.

7. Kurz vor Ende der Bratzeit fügst du die geschnittene Frühlingszwiebel und die gewürfelte Tomate hinzu. Lass alles noch 1-2 Minuten zusammen braten.

8. Serviere dein Rührei heiß und genieße es mit frischem Brot oder als Beilage zu deinem Lieblingsfrühstück.

Mango-Kokos-Overnight-Oats

Zubereitungszeit: 10 Minuten
Portionen: 1 Person

Zutaten:

- 50 g Haferflocken, fein
- 150 ml Kokosmilch, unge-süßt
- 1 TL Chiasamen
- 2 TL Honig
- 50 g Mango, frisch und in kleine Würfel geschnitten
- 2 EL Kokosraspeln

Zubereitung:

1. Du nimmst als Erstes eine kleine Schüssel und gibst die feinen Haferflocken hinein.

2. Jetzt kommt die fettarme Kokosmilch dazu. Du gibst sie über die Haferflocken in die Schüssel.

3. Chiasamen sind das Nächste, was in die Schüssel kommt. Gib sie einfach zu den anderen Zutaten.

4. Anschließend süßt du die Mischung mit 2 TL Honig. Das gibt eine angenehme Süße und sorgt für ein schönes Aroma.

5. Nun mischst du alles gut durch. Sorge dafür, dass die Haferflocken und die Chiasamen gut in der Kokosmilch verteilt sind.

6. Schneide die Mango in kleine Würfel und gib sie zu deiner Haferflockenmischung.

7. Jetzt streust du die Kokosraspeln über die Mangostücke. Damit hast du einen tollen Crunch und noch mehr Kokosgeschmack.

8. Deine Overnight-Oats müssen jetzt über Nacht in den Kühlschrank. Am nächsten Morgen kannst du sie einfach so genießen oder noch mit ein bisschen mehr Mango und Kokosraspeln toppen.

Beilagen

Quinoa mit Petersilie und Zitrone

Zubereitungszeit: 20 Minuten
Portionen: 1 Person

Zutaten:

- 50 g Quinoa, trocken
- 1 EL natives Olivenöl extra
- Saft und Abrieb von 1/2 unbehandelten Bio-Zitrone
- 1 Handvoll Petersilie, frisch und grob gehackt
- Salz und Pfeffer nach Geschmack

Zubereitung:

1. Zuerst, koche eine Tasse Wasser (ca. 250 ml) in einem kleinen Topf auf. Gib das trockene Quinoa hinzu, reduziere die Hitze und lass es für etwa 15 Minuten köcheln. Der Quinoa ist fertig, wenn er weich ist und die kleinen weißen Keimlinge sichtbar sind.

2. Während das Quinoa kocht, kannst du die Petersilie grob hacken und die Zitrone abreiben und auspressen. Bewahre den Saft und den Abrieb für später auf.

3. Sobald das Quinoa fertig ist, gieße es durch ein feines Sieb ab und lass es kurz abtropfen.

4. Erhitze das Olivenöl in einer Pfanne über mittlerer Hitze. Füge den abgetropften Quinoa hinzu und rühre alles gut um. Brate das Quinoa für etwa 2-3 Minuten an, bis es leicht knusprig ist.

5. Zum Schluss mische den Zitronensaft und -abrieb sowie die gehackte Petersilie unter den Quinoa. Mit Salz und Pfeffer abschmecken und servieren.

Knusprige Süßkartoffel-Pommes

Zubereitungszeit: 35 Minuten
Portionen: 1 Person

Zutaten:

- 1 große Süßkartoffel (etwa 200 g), geschält und in Streifen geschnitten
- 2 EL natives Olivenöl extra
- 1/2 TL Paprika
- 1/2 TL Knoblauchpulver
- Salz und Pfeffer nach Geschmack
- 1 EL frischer Petersilie, gehackt

Zubereitung:

1. Heize deinen Backofen auf 200 Grad vor.

2. Lege die geschnittenen Süßkartoffelstreifen in eine Schüssel, gib das Olivenöl, Paprika und Knoblauchpulver hinzu. Würze mit Salz und Pfeffer nach Geschmack. Vermische alles gut, damit die Süßkartoffelstreifen gleichmäßig mit dem Gewürzöl bedeckt sind.

3. Lege ein Backblech mit Backpapier aus und verteile die Süßkartoffelstreifen gleichmäßig darauf. Achte darauf, dass sie sich nicht überlappen, damit sie knusprig werden.

4. Backe die Süßkartoffel-Pommes 15 Minuten, wende sie dann mit einer Zange oder einem Pfannenwender und backe sie weitere 10-15 Minuten oder bis sie knusprig und golden sind.

5. Nimm die Pommes aus dem Ofen und bestreue sie mit der gehackten Petersilie. Lasse sie ein paar Minuten abkühlen, bevor du sie genießt!

Mediterranes Ofengemüse

Zubereitungszeit: 35 Minuten
Portionen: 1 Person

Zutaten:

- 1 mittelgroße rote Paprika, gewaschen und in Streifen geschnitten
- 1 Zucchini, gewaschen und in Halbmonde geschnitten
- 100 g Kirschtomaten, gewaschen und halbiert
- 1 kleine rote Zwiebel, geschält und in Ringe geschnitten
- 3 EL natives Olivenöl extra
- 1 TL getrockneter Oregano
- 1 TL getrockneter Rosmarin
- 1/2 TL Salz
- 1/4 TL Pfeffer
- 1 EL Balsamico Essig
- 2 EL gehackte frische Petersilie zum Garnieren

Zubereitung:

1. Heize den Ofen auf 200 Grad vor.

2. Verteile Paprika, Zucchini, Kirschtomaten und Zwiebelringe auf einem Backblech.

3. Vermische in einer kleinen Schüssel das Olivenöl, Oregano, Rosmarin, Salz und Pfeffer. Gieße diese Mischung über das Gemüse auf dem Backblech und vermische alles gut, sodass das Gemüse gleichmäßig gewürzt ist.

4. Brate das Gemüse im vorgeheizten Ofen für etwa 25 Minuten, oder bis es an den Rändern leicht knusprig wird.

5. Nimm das Backblech aus dem Ofen und beträufle das Gemüse mit Balsamico Essig. Verrühre alles nochmals gut.

6. Serviere das Gemüse warm und garniere es mit der gehackten frischen Petersilie.

Gebratener Spargel mit Zitrone

Zubereitungszeit: 20 Minuten
Portionen: 1 Person

Zutaten:

- 150 g grüner Spargel, gewaschen und holzige Enden entfernt
- 1 EL natives Olivenöl extra
- 1 kleine Bio-Zitrone, Saft und Schale davon
- Salz und Pfeffer nach Geschmack
- 1 TL Dill, frisch gehackt
- 1 TL Kapern, abgespült und abgetropft

Zubereitung:

1. Erhitze das Olivenöl in einer Pfanne über mittlerer Hitze.

2. Füge den Spargel hinzu und brate ihn 7-10 Minuten lang an, bis er knackig und leicht gebräunt ist. Wende ihn dabei gelegentlich.

3. Gib den Zitronensaft und die Zitronenschale über den Spargel in der Pfanne und schwenke das Ganze, damit der Spargel gut bedeckt ist.

4. Würze mit Salz und Pfeffer und rühre den Dill unter.

5. Nimm die Pfanne vom Herd und verteile die Kapern über den Spargel.

6. Serviere den gebratenen Spargel direkt aus der Pfanne und genieße dieses köstliche Gericht!

Gesunder Coleslaw-Salat

Zubereitungszeit: 20 Minuten
Portionen: 1 Person

Zutaten:

- 50 g Weißkohl, in feine Streifen geschnitten
- 25 g Möhre, gerieben
- 15 g Rote Zwiebel, fein gehackt
- 15 ml Apfelessig
- 20 g Joghurt, fettarm
- 1 TL Senf
- 1 TL Honig
- Salz und Pfeffer nach Geschmack
- 1 EL frische Petersilie, gehackt
- 1 EL frischer Koriander, gehackt (optional)

Zubereitung:

1. In einer großen Schüssel vermischst du den Weißkohl, die Möhre und die rote Zwiebel. Setze diese Schüssel beiseite.

2. In einer kleineren Schüssel mischst du den Apfelessig, den Joghurt, den Senf und den Honig zusammen. Füge Salz und Pfeffer nach deinem Geschmack hinzu.

3. Gieße die Dressing-Mischung über das Gemüse in der großen Schüssel. Rühre alles gut durch, bis das Gemüse vollständig mit dem Dressing bedeckt ist.

4. Lass den Salat etwa 10 Minuten ruhen, damit die Aromen gut durchziehen können.

5. Vor dem Servieren garnierst du den Salat mit der gehackten Petersilie und dem Koriander. Guten Appetit!

Gedünsteter Brokkoli mit Mandelsplittern

Zubereitungszeit: 15 Minuten
Portionen: 1 Person

Zutaten:

- 200 g Brokkoli, in Röschen geteilt
- 30 g Mandelsplitter
- 1 EL natives Olivenöl extra
- 1 Prise Salz
- 1 Prise Pfeffer, frisch gemahlen
- 1 kleine Knoblauchzehe, fein gehackt
- 1 TL Bio-Zitronensaft, frisch gepresst
- 1 Prise Chiliflocken, optional

Zubereitung:

1. In einer Pfanne das Olivenöl auf mittlerer Hitze erwärmen und die Mandelsplitter darin goldbraun anrösten. Danach die Mandelsplitter aus der Pfanne nehmen und beiseite stellen.

2. Den Brokkoli in die Pfanne geben und mit dem fein gehackten Knoblauch, Salz und Pfeffer würzen. Bei mittlerer Hitze ca. 5-7 Minuten dünsten, bis der Brokkoli gar, aber noch bissfest ist.

3. Den gedünsteten Brokkoli vom Herd nehmen und den frischen Zitronensaft darüber träufeln. Wenn du möchtest, kannst du auch eine Prise Chiliflocken hinzufügen.

4. Den Brokkoli auf einem Teller anrichten und mit den gerösteten Mandelsplittern bestreuen. Guten Appetit!

Zucchini-Puffer mit Joghurt-Dip

Zubereitungszeit: 30 Minuten
Portionen: 4 Puffer

Zutaten:

- 1 mittelgroße Zucchini, geraspelt und ausgedrückt
- 2 EL Vollkornmehl
- 1 TL Backpulver
- 1 Bio-Ei, geschlagen
- 1 kleine Schalotte, fein gehackt
- Salz und Pfeffer nach Geschmack
- 2 TL natives Olivenöl extra
- **Für den Joghurt-Dip:**
- 100 g fettarmer Naturjoghurt
- 1 Knoblauchzehe, fein gehackt
- 1 EL frischer Dill, fein gehackt
- Salz und Pfeffer nach Geschmack

Zubereitung:

1. Vermische in einer mittelgroßen Schüssel die geraspelte Zucchini, Vollkornmehl, Backpulver, geschlagenes Ei, gehackte Schalotte, Salz und Pfeffer. Rühre alles gut um, bis eine gleichmäßige Masse entsteht.

2. Erhitze das Olivenöl in einer Pfanne auf mittlerer Stufe. Forme mit Hilfe eines Löffels vier gleiche Teigportionen und gib sie in die Pfanne. Drücke sie vorsichtig flach, um die Puffer-Form zu erhalten.

3. Brate die Zucchini-Puffer von jeder Seite etwa 4-5 Minuten, bis sie goldbraun und knusprig sind.

4. Während die Puffer braten, bereite den Joghurt-Dip vor. Vermische in einer kleinen Schüssel den Naturjoghurt, gehackten Knoblauch, Dill, Salz und Pfeffer. Rühre alles gut durch.

5. Sobald die Puffer fertig gebraten sind, nimm sie aus der Pfanne und lass sie kurz auf einem Küchenpapier abtropfen.

6. Serviere die warmen Zucchini-Puffer mit dem Joghurt-Dip.

Gebackene Aubergine mit Tomate und Basilikum

Zubereitungszeit: 40 Minuten
Portionen: 1 Person

Zutaten:

- 1 mittelgroße Aubergine, längs halbiert
- 100 g Kirschtomaten, halbiert
- 1 EL natives Olivenöl extra
- 1 TL Balsamico-Essig
- Eine Prise Salz und frisch gemahlener schwarzer Pfeffer
- 1 Knoblauchzehe, fein gehackt
- 2 Blätter frisches Basilikum, fein gehackt
- 1 EL frisch geriebener Parmesan (optional)

Zubereitung:

1. Heize deinen Ofen auf 200 Grad vor.

2. Platziere die halbierte Aubergine mit der Schnittseite nach oben auf einem Backblech. Verteile das Olivenöl gleichmäßig auf den Auberginenhälften.

3. Streue den gehackten Knoblauch über die Aubergine und würze mit Salz und Pfeffer.

4. Backe die Aubergine im vorgeheizten Ofen für 20 Minuten, bis sie weich und leicht gebräunt ist.

5. In der Zwischenzeit vermische die halbierten Kirschtomaten und den Balsamico-Essig in einer Schüssel. Lasse die Mischung stehen, damit die Aromen sich entfalten können.

6. Nimm die Aubergine aus dem Ofen und verteile die Tomatenmischung darüber.

7. Gib die Aubergine noch einmal für 10 Minuten in den Ofen, bis die Tomaten weich sind und der Balsamico-Essig eingezogen ist.

8. Nimm die Aubergine aus dem Ofen und streue das fein gehackte Basilikum darüber. Für eine Extraportion Geschmack, kannst du, wenn du möchtest, ein wenig Parmesan darüber streuen.

9. Lasse die Aubergine ein paar Minuten abkühlen und serviere sie dann als leckere, gesunde Beilage.

Karotten-Petersilienwurzel-Püree

Zubereitungszeit: 30 Minuten
Portionen: 1 Person

Zutaten:

- 200 g Karotten, geschält und in Scheiben geschnitten
- 100 g Petersilienwurzel, geschält und in Scheiben geschnitten
- 1 kleine Schalotte, fein gewürfelt
- 2 EL natives Olivenöl extra
- 100 ml Gemüsebrühe, salzarm
- 1 EL Bio-Zitronensaft, frisch gepresst
- Salz und Pfeffer nach Geschmack
- Einige frische Petersilienblätter, gehackt

Zubereitung:

1. Heize deinen Herd auf mittlerer Stufe und gebe das Olivenöl in eine Pfanne. Sobald es heiß ist, füge die gewürfelte Schalotte hinzu. Lass sie unter Rühren etwa 3 Minuten dünsten, bis sie weich und leicht goldfarben ist.

2. Gib nun die Karotten- und Petersilienwurzelscheiben in die Pfanne und mische alles gut. Lass das Gemüse etwa 5 Minuten braten, bis es an den Rändern leicht karamellisiert.

3. Nun kannst du die Gemüsebrühe hinzufügen. Reduziere die Hitze auf eine niedrigere Stufe, decke die Pfanne ab und lass das Gemüse etwa 15 Minuten köcheln, bis es weich ist.

4. Sobald das Gemüse weich genug ist, schalte den Herd aus und lass das Gemüse etwas abkühlen. Gib dann die Mischung in einen Mixer oder verwende einen Stabmixer, um das Gemüse zu pürieren, bis eine glatte Masse entsteht.

5. Zum Schluss kannst du das Püree mit Zitronensaft, Salz und Pfeffer abschmecken. Mische die gehackte Petersilie unter und serviere es warm.

Rosenkohl mit Knoblauch und Zitrone

Zubereitungszeit: 25 Minuten
Portionen: 1 Person

Zutaten:

- 200 g Rosenkohl, geputzt und halbiert
- 2 Knoblauchzehen, fein gehackt
- Abrieb und Saft einer halben Bio-Zitrone
- 1 EL natives Olivenöl extra
- Salz und Pfeffer nach Geschmack
- 1 TL Chiliflocken (optional)
- 2 EL gehackte Petersilie

Zubereitung:

1. Den Backofen auf 200 Grad vorheizen.

2. Den Rosenkohl, Knoblauch, Zitronenabrieb, Olivenöl, Salz, Pfeffer und Chiliflocken (falls verwendet) in einer Schüssel gut vermischen.

3. Die Rosenkohlmischung auf ein mit Backpapier ausgelegtes Backblech verteilen und im vorgeheizten Ofen für etwa 20 Minuten backen, bis der Rosenkohl leicht gebräunt und knusprig ist.

4. Den gebackenen Rosenkohl aus dem Ofen nehmen und mit Zitronensaft beträufeln.

5. Vor dem Servieren mit frisch gehackter Petersilie bestreuen.

Desserts

Apfel-Zimt-Crumble

Zubereitungszeit: 30 Minuten
Portionen: 1 Person

Zutaten:

- 1 großer Apfel (geschält, entkernt und in Würfel geschnitten)
- 20 g Haferflocken
- 15 g Mandelmehl
- 10 g Kokosblütenzucker
- 2 TL Zimtpulver
- 20 g kalte Margarine (in Stückchen geschnitten)
- Eine Prise Salz
- 1 TL Vanilleextrakt

Zubereitung:

1. Heize deinen Ofen auf 180 Grad vor. Lege eine kleine Backform bereit.

2. Gib die Apfelstücke in die Backform und bestreue sie mit 1 TL Zimtpulver. Gut durchmischen, damit alle Apfelstücke mit Zimtpulver bedeckt sind.

3. In einer separaten Schüssel vermischt du Haferflocken, Mandelmehl, Kokosblütenzucker, den restlichen TL Zimtpulver und eine Prise Salz. Mische alles gut durch.

4. Füge nun die kalten Margarinenstückchen hinzu und verarbeite die Mischung mit den Fingern zu einer krümeligen Konsistenz.

5. Verteile die Krümel gleichmäßig über den Äpfeln in der Backform. Drücke sie nicht fest.

6. Backe das Ganze für etwa 20 Minuten im Ofen, oder bis die Krümel schön goldbraun sind.

7. Nimm den Crumble aus dem Ofen und lass ihn ein wenig abkühlen, bevor du ihn servierst. Genieße ihn am besten noch warm, eventuell mit einem Löffel Sojajoghurt.

Gesunder Schoko-Avocado-Pudding

Zubereitungszeit: 15 Minuten
Portionen: 1 Person

Zutaten:

- 1 reife Avocado, geschält und entkernt
- 20 g ungesüßtes Kakaopulver
- 50 ml Mandelmilch, ungesüßt
- 2 EL Honig oder Agavendicksaft, nach Geschmack
- 1 TL Vanilleextrakt
- Eine Prise Salz
- 10 g gehackte Nüsse oder Samen nach Wahl, zum Garnieren (optional)

Zubereitung:

1. Schneide die Avocado in grobe Stücke und gib sie in einen Mixer.
2. Füge das Kakaopulver, die Mandelmilch, den Honig, das Vanilleextrakt und eine Prise Salz hinzu.
3. Mixe alle Zutaten auf hoher Stufe, bis ein glatter und cremiger Pudding entsteht. Schmecke den Pudding ab und füge bei Bedarf mehr Süßungsmittel hinzu.
4. Lasse den Pudding etwa 5 Minuten ruhen, damit sich die Aromen verbinden können.
5. Serviere den Pudding in einer Schüssel und garniere ihn nach Belieben mit gehackten Nüssen oder Samen.

Beeren-Cashew-Creme

Zubereitungszeit: 15 Minuten
Portionen: 1 Person

Zutaten:

- 70 g Cashewnüsse, über Nacht eingeweicht
- 100 g gemischte Beeren (z. B. Himbeeren, Erdbeeren, Blaubeeren), gewaschen
- 2 EL Honig
- 1 TL Vanilleextrakt
- 1 Prise Salz
- 50 ml Mandelmilch, ungesüßt
- 2 EL gehackte Mandeln, zum Garnieren
- Einige frische Minzblätter, zum Garnieren

Zubereitung:

1. Gieße das Einweichwasser der Cashewnüsse ab und spüle die Nüsse gründlich ab. Gib sie in einen leistungsfähigen Mixer.

2. Füge die gemischten Beeren, den Honig, Vanilleextrakt, die Prise Salz und die Mandelmilch hinzu.

3. Mixe alles auf höchster Stufe, bis eine gleichmäßige und cremige Konsistenz entsteht. Sollte die Creme zu dick sein, kannst du nach Belieben noch etwas Mandelmilch hinzufügen und erneut mixen.

4. Gib die Beeren-Cashew-Creme in eine Schüssel oder ein Glas.

5. Streue die gehackten Mandeln darüber und garniere mit einigen frischen Minzblättern.

6. Genieße diese leckere Creme sofort, oder bewahre sie im Kühlschrank auf und verzehre sie innerhalb von 2 Tagen.

Bananeneis mit Nussmus

Zubereitungszeit: 10 Minuten
Portionen: 1 Person

Zutaten:

- 2 reife Bananen, in Scheiben geschnitten und gefroren
- 2 EL Mandelmus
- 50 ml Mandelmilch, ungesüßt
- 1 EL Honig (optional)
- 1 TL gemahlene Vanille

Zubereitung:

1. Lege deine gefrorenen Bananenscheiben in einen starken Mixer oder eine Küchenmaschine.

2. Füge das Mandelmus und die Mandelmilch hinzu. Denk daran, dass du bei Bedarf noch mehr Flüssigkeit hinzufügen kannst, um die gewünschte Konsistenz zu erreichen.

3. Gib dann die gemahlene Vanille und optional den Honig dazu.

4. Mixe alles auf hoher Stufe, bis du eine glatte, cremige Konsistenz erhältst. Du musst eventuell zwischendurch anhalten und die Masse vom Rand zur Mitte schieben.

5. Fertig ist dein Bananeneis! Du kannst es sofort genießen oder zur späteren Verwendung in den Gefrierschrank stellen.

Feigen mit Ziegenkäse und Honig

Zubereitungszeit: 15 Minuten
Portionen: 1 Person

Zutaten:

- 2 reife Feigen, gewaschen und geviertelt
- 30 g Ziegenkäse, in kleine Stücke zerteilt
- 1 EL Honig
- 10 g Walnüsse, grob gehackt
- Eine Prise Zimt
- 1 TL natives Olivenöl extra
- Frische Minzblätter, gewaschen und gehackt (für die Dekoration)

Zubereitung:

1. Erhitze den Ofen auf 180 Grad.

2. Nimm eine kleine Backform und lege sie mit Backpapier aus.

3. Lege die Feigenviertel auf das Backpapier und drücke sie leicht mit der Rückseite eines Löffels nach unten, sodass sie sich etwas öffnen.

4. Platziere den zerteilten Ziegenkäse auf und zwischen den Feigenstücken.

5. Verteile die gehackten Walnüsse gleichmäßig über den Feigen und dem Käse.

6. Vermische den Honig mit dem Olivenöl und Zimt in einer kleinen Schüssel.

7. Träufle diese Mischung über den Feigen, dem Käse und den Walnüssen.

8. Backe das Ganze für etwa 10 Minuten, bis der Käse leicht geschmolzen und die Feigen weich sind.

9. Nimm die Backform aus dem Ofen und lasse sie kurz abkühlen.

10. Bestreue das Dessert vor dem Servieren mit den gehackten Minzblättern.

Erdbeer-Bananen-Sorbet

Zubereitungszeit: 10 Minuten
Portionen: 1 Person

Zutaten:

- 150 g Erdbeeren, gewaschen und halbiert
- 1 mittelgroße Banane, geschält und in Scheiben geschnitten
- 1 EL Bio-Zitronensaft
- 2 EL Ahornsirup
- 100 ml Wasser

Zubereitung:

1. Verteile die halbierten Erdbeeren und Bananenscheiben auf einem Backblech, das mit Backpapier ausgelegt ist. Stelle das Backblech für mindestens 2 Stunden in den Gefrierschrank.

2. Gib die gefrorenen Früchte in einen Mixer. Füge den Zitronensaft, den Ahornsirup und das Wasser hinzu.

3. Mixe alles auf hoher Stufe, bis eine gleichmäßige Masse entsteht. Du solltest zwischendurch gelegentlich anhalten und die Masse mit einem Spatel nach unten schieben, um sicherzustellen, dass alles gut vermischt ist.

4. Fülle die Sorbet-Masse in eine Schüssel und stelle sie für weitere 30 Minuten in den Gefrierschrank, um sie etwas fester zu machen.

5. Serviere dein selbstgemachtes Sorbet in einer schönen Schale. Es kann sofort genossen werden oder für später aufbewahrt werden. Zum Aufbewahren das Sorbet in einem luftdichten Behälter im Gefrierschrank lagern.

Chia-Pudding mit Mango-Püree

Zubereitungszeit: 20 Minuten
Portionen: 1 Person

Zutaten:

- 3 EL Chia-Samen
- 200 ml Mandelmilch, ungesüßt
- 1/2 reife Mango, geschält
  und gewürfelt
- 1 TL Honig oder mehr nach
  Geschmack
- 1 Prise Salz
- Einige frische Minzblätter
  zur Garnierung

Zubereitung:

1. Zuerst gibst du die Chia-Samen in ein kleines Gefäß und fügst die Mandelmilch hinzu. Rühre alles gut um, damit keine Klümpchen entstehen. Stelle die Mischung anschließend für etwa 15 Minuten in den Kühlschrank, bis die Chia-Samen aufquellen und eine puddingartige Konsistenz erreichen.

2. In der Zwischenzeit bereitest du das Mango-Püree vor. Dazu nimmst du die gewürfelte Mango und gibst sie in einen Mixer. Füge den Honig und eine Prise Salz hinzu. Mixe alles, bis du ein glattes Püree erhältst.

3. Sobald der Chia-Pudding fertig ist, gibst du das Mango-Püree obendrauf. Zum Schluss garnierst du dein Dessert mit ein paar frischen Minzblättern.

Dunkle Schokolade mit Nüssen

Zubereitungszeit: 20 Minuten
Portionen: 1 Person

Zutaten:

- 50 g dunkle Schokolade (mindestens 70 % Kakaogehalt), klein gehackt
- 15 g gemischte Nüsse (z.B. Mandeln, Walnüsse, Haselnüsse), klein gehackt
- 1 TL Kokosöl
- Eine Prise Salz
- Einige Tropfen Vanilleextrakt

Zubereitung:

1. Lege ein Backblech mit Backpapier aus und stelle es beiseite.

2. Gib die gehackten Nüsse in eine Pfanne und röste sie ohne Öl bei mittlerer Hitze etwa 5 Minuten an. Achte darauf, dass sie nicht verbrennen. Sobald sie duften und leicht gebräunt sind, nimm sie vom Herd und lasse sie abkühlen.

3. In der Zwischenzeit gib das Kokosöl in einen kleinen Topf und erhitze es bei niedriger Temperatur. Füge die klein gehackte dunkle Schokolade hinzu und rühre ständig um, bis sie komplett geschmolzen ist.

4. Wenn die Schokolade vollständig geschmolzen ist, füge die gerösteten Nüsse, eine Prise Salz und ein paar Tropfen Vanilleextrakt hinzu. Rühre alles gut um, bis die Nüsse vollständig mit der Schokoladenmischung bedeckt sind.

5. Gieße die Schokoladen-Nuss-Mischung auf das vorbereitete Backblech und verteile sie gleichmäßig.

6. Stelle das Backblech für etwa 10 Minuten in den Kühlschrank, bis die Schokolade fest wird.

7. Sobald die Schokolade fest ist, kannst du sie in Stücke brechen und genießen.

Quinoa-Pudding mit Beeren

Zubereitungszeit: 25 Minuten
Portionen: 1 Person

Zutaten:

- 50 g weißen Quinoa, gründlich gewaschen
- 250 ml Mandelmilch, ungesüßt
- 1 TL Honig oder Agavendicksaft
- 1 Prise Salz
- 1 TL Vanilleextrakt
- 60 g gemischte Beeren (wie Erdbeeren, Blaubeeren, Himbeeren), gewaschen und geviertelt
- 1 EL gehackte Mandeln, geröstet

Zubereitung:

1. Koche den gewaschenen Quinoa in einem Topf auf mittlerer Hitze zusammen mit der Mandelmilch auf. Gib dabei die Prise Salz hinzu.

2. Sobald die Mischung kocht, reduziere die Hitze auf niedrig und lass den Quinoa etwa 15 Minuten köcheln, bis er weich und die Flüssigkeit weitgehend absorbiert ist.

3. Füge nun den Honig und Vanilleextrakt hinzu. Rühre alles gut um und koche es noch Weitere 2-3 Minuten.

4. Während der Quinoa kocht, bereite die Beeren vor. Wasche sie und schneide sie in Viertel. Röste die gehackten Mandeln in einer Pfanne ohne Öl, bis sie goldbraun sind.

5. Sobald der Quinoa gekocht ist und eine puddingartige Konsistenz erreicht hat, nimm den Topf vom Herd und lass ihn ein paar Minuten abkühlen.

6. Gib den Quinoa Pudding in eine Schüssel und garniere ihn mit den Beeren und den gerösteten Mandeln.

Dattel-Energiekugeln

Zubereitungszeit: 15 Minuten
Portionen: ca. 10 Energiekugeln

Zutaten:

- 100 g entsteinte Datteln
- 50 g Mandeln, roh und ohne Salz
- 20 g Chiasamen
- 30 g Kakaopulver, ungesüßt
- 1 Prise Salz
- 1 TL Vanilleextrakt
- 2 EL Wasser, wenn nötig

Zubereitung:

1. Lege die Datteln in eine kleine Schüssel und gieße heißes Wasser darüber, bis sie vollständig bedeckt sind. Lass sie 10 Minuten einweichen, bis sie weich sind. Danach das Wasser abgießen.

2. Während die Datteln einweichen, gib die Mandeln in einen leistungsstarken Mixer oder eine Küchenmaschine. Zerkleinere sie, bis sie grob gemahlen sind.

3. Gib nun die eingeweichten Datteln, das Kakaopulver, Chiasamen, eine Prise Salz und Vanilleextrakt in den Mixer zu den Mandeln. Mixe alles gut durch, bis eine klebrige Masse entsteht. Falls die Masse zu trocken ist, gib ein wenig Wasser hinzu.

4. Nimm den Teig aus dem Mixer und forme mit den Händen etwa 10 Kugeln. Du kannst sie in zusätzlichem Kakaopulver wälzen, wenn du magst.

5. Lass die Energiekugeln etwa 30 Minuten im Kühlschrank fest werden. Danach sind sie bereit zum Verzehr.

Sandwiches & Wraps

Vollkornbrot mit Avocado und Tomate

Zubereitungszeit: 15 Minuten
Portionen: 1 Person

Zutaten:

- 2 Scheiben Vollkornbrot
- 1 reife Avocado
- 1 frische Tomate
- 1 EL Bio-Zitronensaft
- Salz und Pfeffer nach Geschmack
- 1 EL natives Olivenöl extra
- 1 TL frische Basilikumblätter, fein gehackt
- 1 Handvoll gemischter Salat

Zubereitung:

1. Wasche die Tomate und schneide sie in dünne Scheiben. Lege sie auf ein Papiertuch, um überschüssiges Wasser aufzusaugen.

2. Schäle die Avocado und entferne den Kern. Zerdrücke das Avocadofleisch in einer Schüssel mit einer Gabel zu einer cremigen Paste.

3. Füge den Zitronensaft zur Avocadocreme hinzu und würze sie mit Salz und Pfeffer. Rühre die Mischung gut um, bis sie gut vermischt ist.

4. Tröpfle etwas Olivenöl auf beide Vollkornbrotscheiben und verteile es gleichmäßig.

5. Verteile die Avocadocreme auf einer Brotscheibe. Lege die Tomatenscheiben und den gemischten Salat darauf.

6. Bestreue das Sandwich mit den gehackten Basilikumblättern. Setze die zweite Brotscheibe obendrauf.

7. Schneide das Sandwich in der Mitte durch und serviere es direkt oder wickle es für unterwegs ein.

Quinoa-Wrap mit Gemüse und Hummus

Zubereitungszeit: 25 Minuten
Portionen: 1 Person

Zutaten:

- 50 g Quinoa, gewaschen
- 150 ml Wasser
- 1 EL natives Olivenöl extra
- 1 kleine Zwiebel, fein gewürfelt
- 1 kleine Karotte, in dünne Streifen geschnitten
- 1 Handvoll Spinat, gewaschen und grob gehackt
- 1 Weizentortilla, mittelgroß
- 2 EL Hummus, fertig gekauft oder selbstgemacht
- Salz und Pfeffer nach Geschmack

Zubereitung:

1. Gib das Wasser in einen kleinen Topf und bring es zum Kochen. Füge die Quinoa hinzu, reduziere die Hitze und lass sie 15 Minuten köcheln, bis sie weich ist und das Wasser absorbiert hat.

2. Während die Quinoa kocht, erhitze das Olivenöl in einer Pfanne bei mittlerer Hitze. Füge die Zwiebeln und Karotten hinzu und brate sie, bis sie weich sind und die Zwiebeln glasig werden.

3. Füge den Spinat hinzu und brate ihn, bis er zusammengefallen ist und das Wasser verdunstet ist. Würze das Gemüse mit Salz und Pfeffer.

4. Wenn die Quinoa fertig ist, nimm den Topf vom Herd und rühre das Gemüse unter. Lass das Ganze ein paar Minuten abkühlen.

5. Lege die Tortilla auf eine Arbeitsfläche und verteile den Hummus in der Mitte. Löffle die Quinoa-Gemüse-Mischung auf den Hummus und falte die Ränder der Tortilla ein, um einen Wrap zu formen.

Rührei-Sandwich mit Spinat

Zubereitungszeit: 15 Minuten
Portionen: 1 Person

Zutaten:

- 2 Scheiben Vollkornbrot
- 2 Bio-Eier
- 60 g frischer Spinat, gewaschen und getrocknet
- 1 kleine rote Zwiebel, geschält und in dünne Scheiben geschnitten
- 1 EL natives Olivenöl extra
- 1/2 reife Avocado, in Scheiben geschnitten
- Salz und Pfeffer nach Geschmack
- 1 TL Senf
- 1 TL Honig

Zubereitung:

1. Die Zwiebel in einer Pfanne mit 1 EL Olivenöl auf mittlerer Hitze glasig dünsten.

2. Während die Zwiebel dünstet, schlage die Eier in einer Schüssel auf. Salz und Pfeffer nach Geschmack hinzufügen und gut verquirlen.

3. Sobald die Zwiebel glasig ist, den Spinat hinzufügen und weiter dünsten, bis der Spinat leicht welk ist.

4. Die Eiermischung zu der Zwiebel und dem Spinat in die Pfanne geben. Kontinuierlich umrühren, bis die Eier gestockt sind.

5. Während die Eier stocken, das Vollkornbrot toasten.

6. Mische in einer kleinen Schüssel den Senf und den Honig zusammen, um einen süß-scharfen Senf zu machen.

7. Sobald das Brot getoastet ist, verteile die Senf-Honig-Mischung auf einer Seite jeder Scheibe.

8. Die Avocadoscheiben auf eine der mit Senf bestrichenen Seiten des Brotes legen.

9. Das Rührei auf die Avocadoscheiben geben.

10. Das zweite Vollkornbrot auf das Sandwich legen. Fertig ist dein leckeres Rührei-Sandwich!

Brot mit Räucherlachs und Frischkäse

Zubereitungszeit: 15 Minuten
Portionen: 1 Person

Zutaten:

- 2 Scheiben Vollkornbrot
- 50 g Räucherlachs
- 2 EL Frischkäse
- 2 Radieschen, in feine Scheiben geschnitten
- 4 dünne Scheiben Gurke
- 1 EL frischer Dill, gehackt
- 1 TL Bio-Zitronensaft
- Eine Prise schwarzer Pfeffer
- Eine Prise Salz

Zubereitung:

1. Bestreiche eine Seite jeder Brotscheibe mit dem Frischkäse.
2. Verteile den Räucherlachs gleichmäßig auf einer der Frischkäse-bestrichenen Seiten.
3. Gib nun die Radieschen- und Gurkenscheiben auf den Lachs.
4. Bestreue das Ganze mit dem frischen Dill und beträufle es mit dem Zitronensaft.
5. Würze dein Sandwich mit einer Prise Salz und schwarzem Pfeffer.
6. Lege die zweite Brotscheibe mit der Frischkäse-Seite nach unten auf dein Sandwich.
7. Schneide dein Sandwich diagonal durch und schon ist es fertig!

Putenbrust-Wrap mit Avocado und Salat

Zubereitungszeit: 20 Minuten
Portionen: 1 Person

Zutaten:

- 100 g Putenbrustfilet, in dünne Streifen geschnitten
- 1 Vollkorn-Tortilla (ca. 25 cm Durchmesser)
- 1/2 reife Avocado, geschält und in Scheiben geschnitten
- Handvoll gemischter Salat, gewaschen und trocken geschleudert
- 2 EL fettarmer Joghurt
- 1 TL Senf
- 1 kleine Tomate, in Scheiben geschnitten
- 1 kleine rote Zwiebel, fein gehackt
- 1 kleine Karotte, geraspelt
- Salz und Pfeffer zum Abschmecken
- 1 EL natives Olivenöl extra
- 1 TL Bio-Zitronensaft

Zubereitung:

1. Erhitze das Olivenöl in einer Pfanne über mittlerer Hitze. Füge die Putenbruststreifen hinzu und brate sie 5-6 Minuten, bis sie durchgegart und leicht gebräunt sind. Mit Salz und Pfeffer abschmecken und beiseite stellen.

2. Lege die Tortilla auf eine saubere Arbeitsfläche. Verteile den Joghurt und den Senf in der Mitte der Tortilla.

3. Verteile den gemischten Salat, die Avocadoscheiben, Tomatenscheiben, die geraspelte Karotte und die gehackte rote Zwiebel auf der Tortilla.

4. Verteile die gebratene Putenbrust gleichmäßig über die Gemüseschicht. Tröpfle den Zitronensaft darüber.

5. Rolle die Tortilla vorsichtig, aber fest auf. Achte dabei darauf, dass die Füllung in der Mitte bleibt. Wenn nötig, kannst du ein Stück Alufolie oder Frischhaltefolie verwenden, um den Wrap zusammenzuhalten.

6. Genieße deinen gesunden Putenbrust-Wrap.

Mediterranes Gemüsesandwich

Zubereitungszeit: 15 Minuten
Portionen: 1 Person

Zutaten:

- 2 Scheiben Vollkornbrot
- 50 g frische Zucchini, in dünne Scheiben geschnitten
- 1 kleine rote Paprika, in dünne Streifen geschnitten
- 30 g frischer Spinat
- 1 kleine Tomate, in dünne Scheiben geschnitten
- 30 g Aubergine, in dünne Scheiben geschnitten
- 1 EL natives Olivenöl extra
- 1 TL Balsamico Essig
- 1 kleine Knoblauchzehe, fein gehackt
- Salz und Pfeffer nach Geschmack
- 1 EL frischer Basilikum, gehackt

Zubereitung:

1. Erwärme das Olivenöl in einer Pfanne bei mittlerer Hitze. Gib die Zucchini, Aubergine und Paprika dazu und brate sie, bis sie leicht gebräunt sind. Das dauert ungefähr 5 Minuten.

2. Füge den gehackten Knoblauch hinzu und brate ihn eine Minute lang mit dem Gemüse. Würze das Gemüse mit Salz und Pfeffer und entferne es von der Hitze.

3. Lege das gebratene Gemüse auf eine der Brotscheiben. Schichte dann den frischen Spinat und die Tomatenscheiben darauf.

4. Beträufle das Gemüse mit Balsamico Essig und streue den gehackten Basilikum darüber.

5. Lege die zweite Brotscheibe oben auf und drücke sie leicht an. Schneide das Sandwich in zwei Hälften und serviere es sofort.

Grünkohl-Falafel-Wrap

Zubereitungszeit: 30 Minuten
Portionen: 1 Person

Zutaten:

- 70 g Grünkohl, gewaschen und grob gehackt
- 50 g Kichererbsen aus der Dose, abgetropft
- 1 EL natives Olivenöl extra
- 1 EL Bio-Zitronensaft
- 1 TL Kreuzkümmel, gemahlen
- 1 TL Paprika, gemahlen
- 1 EL Petersilie, fein gehackt
- Salz und Pfeffer nach Geschmack
- 1 Vollkorn-Wrap
- 1 EL Hummus
- 1 kleine Tomate, gewürfelt
- 1/4 Gurke, gewürfelt
- 1 EL frische Minze, gehackt

Zubereitung:

1. Heize den Backofen auf 200 Grad vor.

2. In einer Schüssel vermischt du den Grünkohl, die Kichererbsen, das Olivenöl, den Zitronensaft, Kreuzkümmel und Paprika. Würze die Mischung mit Salz und Pfeffer und vermische alles gut.

3. Forme aus der Mischung kleine Bällchen (etwa die Größe einer Walnuss) und lege sie auf ein mit Backpapier ausgelegtes Backblech.

4. Backe die Grünkohl-Falafel für 15-20 Minuten im vorgeheizten Backofen, bis sie außen knusprig sind. Wende sie nach der Hälfte der Backzeit.

5. Während die Falafel backen, belegst du den Wrap mit Hummus und streust die gewürfelte Tomate und Gurke darüber. Sobald die Falafel fertig sind, verteile sie auf dem Wrap.

6. Bestreue den Wrap mit der frischen Minze und rolle ihn fest zusammen.

Tofu-Wrap mit Sesam und Sojasauce

Zubereitungszeit: 25 Minuten
Portionen: 1 Person

Zutaten:

- 100 g Tofu, in dünne Streifen geschnitten
- 1 Vollkorn-Tortilla
- 1 EL Sojasauce, salzarm
- 1 TL Sesamöl
- 1 EL Sesamsamen, geröstet
- 1 kleine Karotte, in feine Stifte geschnitten
- 1 kleine Frühlingszwiebel, in Ringe geschnitten
- 2 Blätter Salat, gewaschen und getrocknet
- 1 EL Sonnenblumenkerne, geröstet
- 1 EL natives Olivenöl extra

Zubereitung:

1. Erhitze das Olivenöl in einer Pfanne über mittlerer Hitze. Gib den Tofu dazu und brate ihn auf jeder Seite goldbraun an.

2. Füge die Sojasauce und das Sesamöl hinzu, rühre gut um, damit der Tofu die Flüssigkeit aufnimmt und lass das Ganze 2-3 Minuten köcheln, bis die Flüssigkeit fast vollständig verdampft ist.

3. Nimm die Pfanne vom Herd und lasse den Tofu etwas abkühlen.

4. Verteile in der Zwischenzeit den Salat, die Karottenstifte und die Frühlingszwiebelringe gleichmäßig auf der Tortilla.

5. Lege die Tofustreifen in die Mitte der Tortilla, bestreue alles mit den gerösteten Sesamsamen und Sonnenblumenkernen.

6. Rolle die Tortilla vorsichtig auf und schneide sie in der Mitte durch. Fertig!

Kichererbsen-Salat-Sandwich

Zubereitungszeit: 20 Minuten
Portionen: 1 Person

Zutaten:

- 40 g Kichererbsen aus der Dose, abgetropft
- 1 Scheibe Vollkornbrot
- 1 EL griechischer Joghurt
- 1 kleiner Apfel, gewürfelt
- 1 Frühlingszwiebel, fein gehackt
- 1 TL Senf
- 1 Handvoll Salatblätter, gewaschen
- Salz und Pfeffer nach Geschmack

Zubereitung:

1. Zuerst nimmst du die Kichererbsen und zerdrückst sie in einer Schüssel mit einer Gabel zu einem groben Püree.

2. Jetzt fügst du den griechischen Joghurt und den Senf hinzu. Mische alles gut durch, bis eine cremige Masse entsteht.

3. Nun fügst du den gewürfelten Apfel und die gehackte Frühlingszwiebel hinzu. Vermenge alles gründlich. Schmecke mit Salz und Pfeffer ab.

4. Danach nimmst du die Scheibe Vollkornbrot und belegst sie mit den Salatblättern.

5. Jetzt verteilst du die Kichererbsenmischung auf den Salatblättern und presst das Ganze etwas an.

6. Fertig ist dein Sandwich!

Vollkorn-Sandwich mit Ei und Kresse

Zubereitungszeit: 20 Minuten
Portionen: 1 Person

Zutaten:

- 2 Scheiben Vollkornbrot
- 1 Bio-Ei, hart gekocht
- Eine Handvoll Kresse, gewaschen und getrocknet
- 1 TL Senf
- 2 EL Frischkäse
- 1 kleiner Bund Radieschen, in dünne Scheiben geschnitten
- Salz und Pfeffer nach Geschmack

Zubereitung:

1. Koch das Ei in einem Topf mit Wasser etwa 10 Minuten, bis es hart ist. Gieß danach das heiße Wasser ab und lass das Ei unter kaltem Wasser abkühlen, bevor du es schälst.

2. Während das Ei kocht, kannst du die Radieschen in dünne Scheiben schneiden und die Kresse abspülen und trocknen.

3. Vermische den Frischkäse mit dem Senf in einer kleinen Schale. Schmecke die Mischung mit Salz und Pfeffer ab.

4. Bestreiche eine Seite jeder Brotscheibe mit der Frischkäse-Senf-Mischung. Leg die Radieschenscheiben auf eine der Scheiben und streue die Kresse darüber.

5. Wenn das Ei abgekühlt ist, schneide es in Scheiben und platziere diese auf dem Brot mit der Kresse. Schließe das Sandwich mit der zweiten Brotscheibe.

Zuckerfreie Ernährung

Vorwort

Liebe Leserin, lieber Leser,

als Autorin und leidenschaftliche Köchin, die stets auf der Suche nach neuen, inspirierenden Ideen für die Küche ist, habe ich es mir zur Aufgabe gemacht, die zuckerfreie Küche in den Mittelpunkt zu stellen. In diesem Buch findest du daher eine Vielzahl an Rezepten, die alle eines gemeinsam haben: Sie sind liebevoll zusammengestellt, leicht nachzukochen und sie tragen dazu bei, den Zuckerkonsum in unserer Ernährung zu reduzieren.

Das Bewusstsein für eine gesunde Ernährung hat in den letzten Jahren enorm zugenommen und es wird immer deutlicher, dass es kaum einen besseren Weg gibt, unserem Körper Gutes zu tun, als durch eine bewusste Lebensmittelauswahl. Das Ziel dieses Buches ist es, dich auf deinem persönlichen Weg zu einem gesunden Lebensstil zu begleiten und dir zu zeigen, dass eine zuckerfreie Ernährung nicht bedeutet, dass du auf Genuss verzichten musst. Ganz im Gegenteil: Die Rezepte in diesem Buch beweisen, dass eine gesunde Ernährung und Genuss Hand in Hand gehen können.

Ich hoffe, dass du durch dieses Kochbuch die Freude am Entdecken und Ausprobieren neuer Rezepte findest. Denn am Ende des Tages geht es nicht nur darum, was wir essen, sondern auch darum, wie wir es zubereiten und genießen. Es ist die Leidenschaft, die Hingabe und die Liebe, die wir in die Zubereitung unserer Mahlzeiten stecken, die sie zu etwas Besonderem machen.

Nun wünsche ich dir viel Spaß beim Ausprobieren der Rezepte und beim Entdecken neuer Lieblingsgerichte. Möge dieses Buch dich auf deinem Weg zu einem gesunden und genussvollen Lebensstil begleiten.

Deine Carina Lehmann

Frühstücksideen

Haferflocken mit Beeren und Chiasamen

Zubereitungszeit: 10 Minuten
Portionen: 1 Person

Zutaten:

- 60 g Haferflocken, grob
- 240 ml ungesüßte Mandelmilch
- 1 EL Chiasamen
- 120 g gemischte Beeren (Himbeeren, Erdbeeren, Blaubeeren), frisch oder gefroren
- 1 TL Vanilleextrakt
- Eine Prise Salz
- 1 EL Nüsse deiner Wahl (Mandeln, Haselnüsse, Walnüsse), gehackt

Zubereitung:

1. Gib die Haferflocken, die Chiasamen und das Salz in eine Schüssel und mische sie gut durch.

2. Füge die Mandelmilch und das Vanilleextrakt hinzu und rühre alles gut um.

3. Lass die Mischung für etwa 5 Minuten stehen, damit die Haferflocken und die Chiasamen aufquellen können. Du kannst die Mischung auch über Nacht im Kühlschrank ziehen lassen, wenn du Zeit hast.

4. Während die Haferflocken ziehen, wasche die Beeren und schneide sie in kleinere Stücke, wenn nötig. Wenn du gefrorene Beeren verwendest, kannst du sie in dieser Zeit auftauen lassen.

5. Gib die Beeren und die gehackten Nüsse über die Haferflockenmischung.

6. Fertig ist dein gesundes Frühstück!

Pfannkuchen mit Mandelmilch und Banane

Zubereitungszeit: 15 Minuten
Portionen: ca. 4 Pfannkuchen

Zutaten:

- 60 g Vollkornmehl
- 1 reife Banane, zerdrückt
- 1 TL Backpulver
- 1 EL Chiasamen
- 125 ml Mandelmilch, unge-süßt
- 1 TL Vanilleextrakt, optional
- Ein Spritzer Bio-Zitronensaft
- Eine Prise Salz
- 1 TL Kokosöl, zum Braten

Zubereitung:

1. Zuerst mischst du das Vollkornmehl, das Backpulver und die Chiasamen in einer Schüssel zusammen. Dafür kannst du einen Löffel oder eine Gabel verwenden.

2. In einer anderen Schüssel zerdrückst du die reife Banane mit einer Gabel, bis sie eine glatte Konsistenz hat. Gib dann die Mandelmilch, den Vanilleextrakt (falls gewünscht), den Spritzer Zitronensaft und eine Prise Salz dazu. Vermische alles gut miteinander.

3. Jetzt gibst du die feuchten Zutaten zu den trockenen und rührst alles zusammen, bis ein glatter Teig entsteht. Lass den Teig etwa 5 Minuten ruhen, damit die Chiasamen quellen können.

4. Erhitze eine Pfanne bei mittlerer Hitze und füge das Kokosöl hinzu. Sobald das Öl heiß ist, gib einen Viertel des Teigs in die Pfanne und verteile ihn zu einem runden Pfannkuchen.

5. Lass den Pfannkuchen ungefähr 2-3 Minuten auf der einen Seite kochen, bis sich Bläschen bilden, dann dreh ihn um und lass ihn weitere 2 Minuten auf der anderen Seite braten.

6. Wiederhole diesen Vorgang mit dem restlichen Teig. Du solltest am Ende vier schöne Pfannkuchen haben.

7. Serviere die Pfannkuchen mit deinem Lieblings-Topping. Wie wäre es mit frischen Beeren oder etwas Mandelbutter?

Kürbis-Apfel-Porridge

Zubereitungszeit: 20 Minuten
Portionen: 1 Person

Zutaten:

- 80 g Haferflocken, fein
- 250 ml Wasser
- 1/2 kleiner Hokkaido-Kürbis, gewürfelt und ohne Kerne
- 1 mittelgroßer Apfel, geschält und gewürfelt
- 1/2 TL Zimt, gemahlen
- 1 Prise Salz
- 80 ml Mandelmilch, ungesüßt
- 1 EL Chia-Samen
- 1 EL Leinsamen, gemahlen
- 1 EL Walnüsse, gehackt

Zubereitung:

1. Du setzt zunächst Wasser in einem Topf auf und bringst es zum Kochen.

2. Dann gibst du die Haferflocken und das Salz in das kochende Wasser und lässt alles für etwa 5 Minuten auf mittlerer Hitze köcheln.

3. In der Zwischenzeit schälst und würfelst du den Apfel und den Kürbis.

4. Nun fügst du die Apfel- und Kürbiswürfel sowie den Zimt zu den Haferflocken hinzu und rührst alles gut um.

5. Das Ganze lässt du weitere 10 Minuten auf niedriger Hitze köcheln, bis der Kürbis weich ist und der Apfel beginnt zu zerfallen.

6. Nachdem der Kürbis weich geworden ist, fügst du die Mandelmilch, Chia-Samen und Leinsamen hinzu und rührst erneut gut um.

7. Zum Schluss lässt du das Porridge noch etwa 2 Minuten ziehen, bevor du es in eine Schale gibst und mit den gehackten Walnüssen bestreust.

8. Nun kannst du dein selbstgemachtes Porridge genießen. Guten Appetit!

Naturjoghurt mit frischen Früchten und Leinsamen

Zubereitungszeit: 10 Minuten
Portionen: 1 Person

Zutaten:

- 150 g Naturjoghurt
- 50 g gemischte Beeren (Himbeeren, Blaubeeren und Erdbeeren), frisch und gewaschen
- 1 EL Leinsamen, roh und ungeschält
- 1/2 TL Zimt, gemahlen
- 1 EL Mandeln, roh und gehackt
- 10 g dunkle Schokolade (mind. 85% Kakao), gehackt

Zubereitung:

1. Die frischen Beeren nach dem Waschen in einer Schüssel zusammen mit dem Naturjoghurt vermischen.

2. Die Leinsamen und den Zimt über die Joghurt-Beeren-Mischung streuen und alles gut durchrühren.

3. Die gehackten Mandeln in einer trockenen Pfanne bei mittlerer Hitze leicht anrösten, bis sie duften. Dabei darauf achten, dass sie nicht verbrennen.

4. Die Mandeln gleichmäßig über den Joghurt streuen.

5. Zum Schluss die gehackte dunkle Schokolade über den Joghurt geben.

Hirsebrei mit Mandelmilch und Zimt

Zubereitungszeit: 30 Minuten
Portionen: 1 Person

Zutaten:

- 50 g Hirse, gut gespült
- 250 ml Mandelmilch, unge-süßt
- 1 TL Zimt, gemahlen
- 1 EL Mandelblättchen, leicht geröstet
- 1 kleine Birne, gewaschen und in kleine Stücke geschnitten
- Eine Prise Salz

Zubereitung:

1. Zuerst nimmst du die gespülte Hirse und gibst sie in einen kleinen Topf. Dazu kommt eine Prise Salz.

2. Nun gießt du die Mandelmilch dazu. Rühre gut um und bringe die Mischung zum Kochen.

3. Sobald die Mischung kocht, reduziere die Hitze auf eine niedrige Stufe, decke den Topf ab und lasse die Hirse für etwa 20 Minuten köcheln. Achte dabei darauf, gelegentlich umzurühren, damit nichts anbrennt.

4. Während die Hirse köchelt, kannst du die Birne in kleine Stücke schneiden.

5. Wenn die Hirse fast alle Flüssigkeit aufgenommen hat und weich ist, kannst du den gemahlenen Zimt hinzufügen. Rühre gut um, damit sich der Zimt gut verteilt.

6. Jetzt kannst du die geschnittenen Birnenstücke und die gerösteten Mandelblättchen dazu geben. Rühre wieder gut um.

7. Lass den Brei noch etwa 5 Minuten auf der ausgeschalteten Herdplatte stehen, damit die Birnenstücke etwas weicher werden.

8. Schon ist dein Hirsebrei fertig zum Genießen! Serviere ihn warm und streue nach Belieben noch ein paar zusätzliche Mandelblättchen und eine Prise Zimt obendrauf.

Low-Carb Omelett

Zubereitungszeit: 15 Minuten
Portionen: 1 Person

Zutaten:

- 3 Bio-Eier
- 1 EL natives Olivenöl extra
- 50 g frischer Spinat, gewaschen und grob gehackt
- 50 g Feta, zerbröselt
- 1 kleine Zwiebel, fein gewürfelt
- Salz und Pfeffer nach Geschmack
- 1 TL Oregano
- 1 TL Paprika

Zubereitung:

1. Schlage die Eier in eine Schüssel, würze sie mit Salz und Pfeffer und schlage sie dann leicht mit einer Gabel, bis sie gut vermischt sind.

2. Erhitze das Olivenöl in einer kleinen antihaftbeschichteten Pfanne über mittlerer Hitze.

3. Füge die Zwiebel hinzu und dünste sie, bis sie weich und leicht goldbraun ist. Das sollte ungefähr 2-3 Minuten dauern.

4. Füge den Spinat hinzu und koche ihn, bis er verwelkt ist. Das dauert in der Regel nur 1-2 Minuten.

5. Gieße die Eier über den Spinat und die Zwiebeln in der Pfanne. Reduziere die Hitze auf niedrig und koche das Omelett, bis die Ränder fest sind und die Mitte fast eingestellt ist. Das dauert ungefähr 4-5 Minuten.

6. Streue den zerbröselten Feta, den Oregano und den Paprika über das halb gekochte Omelett. Decke die Pfanne ab und koche weiter, bis der Feta leicht geschmolzen und das Omelett durchgegart ist. Das sollte weitere 2-3 Minuten dauern.

7. Mit einem Spatel das Omelett vorsichtig falten und aus der Pfanne nehmen. Sofort servieren und genießen.

Bircher Müsli mit frischem Obst

Zubereitungszeit: 15 Minuten
Portionen: 1 Person

Zutaten:

- 50 g Haferflocken
- 100 ml Mandelmilch, unge-süßt
- 1 EL Chia-Samen
- 1/2 reife Banane, zerdrückt
- 1 Apfel, geraspelt
- 1 Handvoll frische Beeren (Erdbeeren, Heidelbeeren oder Himbeeren)
- 1 EL Mandeln, grob gehackt
- Zimt nach Geschmack
- 1 TL Vanilleextrakt

Zubereitung:

1. Nimm eine Schüssel und gib die Haferflocken, Chia-Samen und zer-drückte Banane hinein.

2. Gib die Mandelmilch und den Vanilleextrakt dazu und rühre alles gut um.

3. Bedecke die Schüssel und stelle sie über Nacht in den Kühlschrank, damit die Haferflocken und Chia-Samen die Flüssigkeit aufnehmen und das Müsli dick wird.

4. Am nächsten Morgen nimmst du die Schüssel aus dem Kühlschrank. Du wirst sehen, dass die Haferflocken und Chia-Samen aufgequollen sind und das Müsli eine dickliche Konsistenz hat.

5. Gib nun den geraspelten Apfel und die frischen Beeren zu deinem Müsli hinzu.

6. Bestreue es mit den gehackten Mandeln und füge nach Wunsch etwas Zimt hinzu.

7. Nun hast du ein leckeres Frühstück, das dich mit Energie für den Tag versorgt!

Vollkornbrot mit Avocado und pochiertem Ei

Zubereitungszeit: 15 Minuten
Portionen: 1 Person

Zutaten:

- 2 Scheiben Vollkornbrot
- 1 reife Avocado, halbiert und entkernt
- 2 Bio-Eier, frisch
- 1 TL Essig
- Salz und Pfeffer nach Belieben
- 1 TL natives Olivenöl extra
- 1 TL Bio-Zitronensaft, frisch gepresst
- Eine Prise Chiliflocken (optional)
- Eine Handvoll Rucola

Zubereitung:

1. Bringe einen mittelgroßen Topf mit Wasser zum Kochen und füge den Essig hinzu. Der Essig hilft, das Eiweiß beim Pochieren der Eier zusammenzuhalten.

2. Während das Wasser erhitzt wird, schneide die Avocado in dünne Scheiben oder zerdrücke sie mit einer Gabel in einer Schüssel. Füge Zitronensaft, Olivenöl, Salz und Pfeffer hinzu. Rühre alles gut um, bis es gut vermischt ist.

3. Schneide das Vollkornbrot und toaste es nach Belieben. Du kannst es auch in einer Pfanne mit ein wenig Olivenöl anrösten, wenn du möchtest.

4. Wenn das Wasser kocht, reduziere die Hitze so, dass es nur noch leicht siedet. Schlage ein Ei in eine kleine Schüssel und gleite es vorsichtig in das siedende Wasser. Lasse es etwa 3-4 Minuten pochieren, bis das Eiweiß fest und das Eigelb noch weich ist. Wiederhole den Vorgang mit dem zweiten Ei.

5. Belege das geröstete Vollkornbrot mit der Avocado-Mischung, lege die pochierten Eier darauf und garniere mit Rucola und Chiliflocken.

Quark mit Walnüssen und Beeren

Zubereitungszeit: 10 Minuten
Portionen: 1 Person

Zutaten:

- 200 g Magerquark, kalt
- 50 g Walnüsse, grob gehackt
- 100 g gemischte Beeren (z. B. Himbeeren, Erdbeeren, Blaubeeren), gewaschen und geschnitten
- 1 TL Chiasamen
- 1 EL Mandelmilch, ungesüßt
- Ein Hauch von frischer Minze, gewaschen und fein geschnitten

Zubereitung:

1. Nimm eine Schüssel und gib den Quark hinein.
2. Füge die Chiasamen und die Mandelmilch hinzu und rühre alles gut um.
3. Lass die Mischung kurz stehen, damit die Chiasamen aufquellen können.
4. In der Zwischenzeit hacke die Walnüsse grob und setze sie zur Seite.
5. Wasche die Beeren sorgfältig und schneide sie nach Bedarf.
6. Gib die Beeren und die gehackten Walnüsse zum Quark hinzu und rühre alles erneut um.
7. Zum Schluss streue die fein geschnittenen Minzblätter darüber.

Mandel-Hafer-Granola mit griechischem Joghurt

Zubereitungszeit: 30 Minuten
Portionen: 1 Person

Zutaten:

- 60 g Haferflocken, grob
- 20 g Mandeln, grob gehackt
- 1 TL Zimt
- 1 EL Kokosöl, geschmolzen
- 1 EL Chiasamen
- 200 g griechischer Joghurt, Natur
- 50 g Beeren deiner Wahl, frisch

Zubereitung:

1. Du heizt deinen Ofen auf 180 Grad vor.

2. Während der Ofen vorheizt, nimm eine mittelgroße Schüssel und mische Haferflocken, gehackte Mandeln, Zimt und Chiasamen zusammen.

3. Gib das geschmolzene Kokosöl dazu und rühre, bis alles gut vermischt und leicht feucht ist.

4. Breite die Mischung auf einem mit Backpapier ausgelegten Backblech aus und backe sie für etwa 15-20 Minuten im Ofen. Du solltest sie alle 5 Minuten umrühren, um sicherzustellen, dass sie gleichmäßig gebacken wird und nicht verbrennt.

5. Während dein Granola im Ofen ist, kannst du die Beeren vorbereiten. Wasche sie und lass sie abtropfen.

6. Nachdem dein Granola gebacken und goldbraun ist, nimm es aus dem Ofen und lass es abkühlen. Es wird beim Abkühlen noch knuspriger.

7. Sobald dein Granola abgekühlt ist, schichte in einem Glas oder einer Schüssel abwechselnd griechischen Joghurt, Granola und Beeren. Fertig!

Suppen und Eintöpfe

Kürbiscremesuppe mit Kokosmilch

Zubereitungszeit: 25 Minuten
Portionen: 1 Person

Zutaten:

- 200 g Hokkaido-Kürbis, gewürfelt
- 1 EL natives Olivenöl extra
- 1 kleine Zwiebel, gehackt
- 1 Knoblauchzehe, fein geschnitten
- 1 TL Ingwer, frisch gerieben
- 300 ml Gemüsebrühe ohne Zuckerzusatz
- 100 ml Kokosmilch
- Salz und Pfeffer zum Abschmecken
- 1 EL Kürbiskerne, geröstet

Zubereitung:

1. Erhitze das Olivenöl in einem Topf. Gib die Zwiebel, den Knoblauch und den Ingwer hinzu und brate alles bei mittlerer Hitze, bis die Zwiebel glasig ist.

2. Füge den gewürfelten Kürbis hinzu und rühre alles gut um, so dass der Kürbis von allen Seiten mit der Zwiebel-Gewürz-Mischung in Kontakt kommt.

3. Gieße die Gemüsebrühe dazu und lass die Suppe bei mittlerer Hitze etwa 15 Minuten köcheln, bis der Kürbis weich ist.

4. Nimm den Topf vom Herd und püriere die Suppe mit einem Stabmixer, bis sie eine cremige Konsistenz hat.

5. Gib die Kokosmilch dazu und rühre alles gut um. Würze die Suppe mit Salz und Pfeffer.

6. Serviere die Suppe in einer Schüssel und streue die gerösteten Kürbiskerne darüber. Genieße sie heiß.

Karotten-Ingwer-Suppe

Zubereitungszeit: 30 Minuten
Portionen: 1 Person

Zutaten:

- 300 g Karotten, gewaschen und grob geschnitten
- 20 g frischer Ingwer, geschält und gewürfelt
- 1 kleine Zwiebel, geschält und gewürfelt
- 1 EL natives Olivenöl extra
- 1 TL Currypulver
- 750 ml Gemüsebrühe ohne Zuckerzusatz
- Salz und Pfeffer nach Geschmack
- 1 EL Kokosmilch, optional zum Garnieren

Zubereitung:

1. Erhitze das Olivenöl in einem mittelgroßen Topf über mittlerer Hitze. Gib die gewürfelte Zwiebel dazu und dünste sie, bis sie weich und durchsichtig ist.

2. Füge die grob geschnittenen Karotten und den gewürfelten Ingwer hinzu. Dünste alles zusammen für etwa 5 Minuten, bis die Karotten etwas weich geworden sind.

3. Streue das Currypulver über das Gemüse und rühre gut um, damit alles gleichmäßig gewürzt ist.

4. Gieße die Gemüsebrühe in den Topf und erhöhe die Hitze, um die Suppe zum Kochen zu bringen. Sobald sie kocht, reduziere die Hitze und lass die Suppe 20 Minuten köcheln, bis die Karotten vollständig weich sind.

5. Nach 20 Minuten nimmst du den Topf vom Herd und pürierst die Suppe mit einem Stabmixer oder in einem Standmixer, bis sie glatt und cremig ist. Wenn du einen Standmixer verwendest, achte darauf, die Suppe etwas abkühlen zu lassen und sei vorsichtig, wenn du heiße Flüssigkeiten mixt.

6. Schmecke die Suppe mit Salz und Pfeffer ab. Wenn du möchtest, kannst du zum Servieren einen EL Kokosmilch auf die Oberfläche der Suppe träufeln.

Linseneintopf mit Gemüse

Zubereitungszeit: 30 Minuten
Portionen: 1 Person

Zutaten:

- 70 g grüne Linsen, gewaschen und abgetropft
- 200 ml Wasser
- 150 g gemischtes Gemüse (z.B. Karotten, Paprika, Zucchini), gewürfelt
- 1 kleine Zwiebel, gewürfelt
- 1 kleine Knoblauchzehe, fein gehackt
- 1 EL natives Olivenöl extra
- 1/2 TL Kreuzkümmel
- 1/2 TL Paprika
- 1/4 TL schwarzer Pfeffer
- Salz nach Geschmack
- 1 EL frische Petersilie, fein gehackt

Zubereitung:

1. Erhitze das Olivenöl in einem mittelgroßen Topf bei mittlerer Hitze. Füge die Zwiebel und den Knoblauch hinzu und dünste sie, bis sie weich und duftend sind, etwa 3-4 Minuten.

2. Gib das gewürfelte Gemüse in den Topf und koche es weitere 5 Minuten, bis es beginnt, weich zu werden.

3. Füge die grünen Linsen, das Wasser, Kreuzkümmel, Paprika, schwarzen Pfeffer und Salz hinzu. Rühre gut um und bringe den Eintopf zum Kochen.

4. Sobald der Eintopf kocht, reduziere die Hitze auf niedrig und lasse den Eintopf etwa 20 Minuten köcheln, bis die Linsen gar sind.

5. Überprüfe den Geschmack und füge bei Bedarf mehr Salz oder Pfeffer hinzu. Rühre die gehackte Petersilie unter und nimm den Topf vom Herd.

6. Lass den Eintopf ein paar Minuten stehen, bevor du ihn servierst. Guten Appetit!

Würzige Hühnersuppe

Zubereitungszeit: 35 Minuten
Portionen: 1 Person

Zutaten:

- 150 g Hühnerbrust, in kleine Würfel geschnitten
- 1 EL natives Olivenöl extra
- 500 ml Hühnerbrühe
- 1 Karotte, gewürfelt
- 1/2 Zwiebel, gewürfelt
- 1 Stange Sellerie, gewürfelt
- 1 kleine Chilischote, fein gehackt
- 1/2 TL frischer Ingwer, fein gehackt
- 1/2 TL Kurkuma
- Salz und Pfeffer nach Geschmack

Zubereitung:

1. Erhitze das Olivenöl in einem Topf und gib die Hühnerbrustwürfel hinein. Brate sie an, bis sie rundum leicht gebräunt sind.

2. Füge die Zwiebel, Karotte und Sellerie hinzu. Dünste alles bei mittlerer Hitze an, bis das Gemüse anfängt weich zu werden.

3. Jetzt kommt der fein gehackte Ingwer und die Chilischote dazu. Lass alles etwa 2 Minuten zusammen köcheln, damit die Aromen sich entfalten können.

4. Gieße die Hühnerbrühe hinzu und rühre Kurkuma unter. Lass die Suppe bei niedriger Hitze etwa 20 Minuten köcheln.

5. Schmecke die Suppe mit Salz und Pfeffer ab. Wenn du möchtest, kannst du auch noch mehr Chili oder Ingwer hinzufügen, je nachdem, wie würzig du deine Suppe magst.

Gemüseeintopf mit frischen Kräutern

Zubereitungszeit: 35 Minuten
Portionen: 1 Person

Zutaten:

- 1 kleiner Lauch, gewaschen und in Ringe geschnitten
- 2 Karotten, gewaschen und in Würfel geschnitten
- 1 rote Paprika, gewaschen und in Würfel geschnitten
- 1 kleine Zucchini, gewaschen und in Würfel geschnitten
- 2 EL natives Olivenöl extra
- 500 ml Gemüsebrühe ohne Zuckerzusatz
- 2 EL frische Petersilie, fein gehackt
- 2 EL frischer Basilikum, fein gehackt
- Salz und Pfeffer nach Geschmack

Zubereitung:

1. Erhitze das Olivenöl in einem mittelgroßen Topf auf mittlerer Stufe. Gib den Lauch hinzu und brate ihn, bis er weich und leicht gebräunt ist, etwa 5 Minuten.

2. Füge die Karotten, die rote Paprika und die Zucchini hinzu. Brate das Gemüse unter ständigem Rühren etwa 5 Minuten an, bis es leicht gebräunt und duftend ist.

3. Gieße die Gemüsebrühe in den Topf und bringe sie zum Kochen. Reduziere die Hitze auf niedrig und lass den Eintopf etwa 20 Minuten köcheln, bis das Gemüse weich ist.

4. Kurz vor dem Servieren füge die frische Petersilie und den Basilikum hinzu. Rühre sie unter und lass sie 1-2 Minuten mitkochen, um ihre Aromen zu entfalten.

5. Würze den Eintopf mit Salz und Pfeffer nach Geschmack. Rühre alles noch einmal durch und nimm den Topf vom Herd.

6. Serviere den Eintopf heiß und genieße ihn.

Tomatensuppe mit Basilikum

Zubereitungszeit: 25 Minuten
Portionen: 1 Person

Zutaten:

- 3 große reife Tomaten, gewürfelt
- 1 EL natives Olivenöl extra
- 1 kleine Zwiebel, gehackt
- 2 Knoblauchzehen, gehackt
- 250 ml Gemüsebrühe ohne Zuckerzusatz
- 10 Blätter frisches Basilikum, gehackt
- Salz und Pfeffer zum Abschmecken
- 50 ml Sahne
- Ein kleiner Zweig frischer Thymian, optional

Zubereitung:

1. Erhitze das Olivenöl in einem Topf über mittlerer Hitze. Gib die gehackte Zwiebel und den Knoblauch hinzu und dünste sie, bis sie weich und glasig sind, etwa 5 Minuten.

2. Füge die gewürfelten Tomaten zum Topf hinzu und koche sie weitere 5 Minuten, bis sie weich sind und Saft abgegeben haben.

3. Gieße die Gemüsebrühe in den Topf, füge das gehackte Basilikum und den Thymianzweig hinzu. Lass die Suppe 10 Minuten köcheln.

4. Entferne den Thymianzweig und püriere die Suppe mit einem Stabmixer, bis sie glatt ist.

5. Würze die Suppe mit Salz und Pfeffer nach Geschmack und rühre die Sahne unter. Lass die Suppe noch einmal kurz aufkochen.

6. Serviere die Suppe heiß, garniert mit ein paar zusätzlichen Basilikumblättern.

Brokkolicremesuppe mit Mandelmilch

Zubereitungszeit: 25 Minuten
Portionen: 1 Person

Zutaten:

- 200 g Brokkoli, in Röschen zerteilt
- 1 EL natives Olivenöl extra
- 1 kleine Zwiebel, gewürfelt
- 1 Knoblauchzehe, gehackt
- 1 TL frischer Ingwer, gerieben
- 250 ml Mandelmilch, ungesüßt
- 200 ml Gemüsebrühe ohne Zuckerzusatz
- Salz und Pfeffer nach Geschmack
- 1 TL Bio-Zitronensaft
- 1 TL gehackte Petersilie zum Garnieren

Zubereitung:

1. Erwärme das Olivenöl in einem Topf über mittlerer Hitze. Füge die gewürfelte Zwiebel hinzu und brate sie, bis sie weich ist und leicht bräunt.

2. Füge den gehackten Knoblauch und den geriebenen Ingwer hinzu und brate alles zusammen für eine weitere Minute.

3. Nun kommen die Brokkoliröschen dazu. Rühre alles gut um und brate den Brokkoli für ca. 3 Minuten an, bis er eine schöne grüne Farbe annimmt.

4. Füge die Gemüsebrühe hinzu und lasse alles für etwa 10 Minuten köcheln, bis der Brokkoli weich ist.

5. Schalte den Herd aus und lass die Suppe ein wenig abkühlen. Gib sie dann in einen Mixer und püriere alles, bis es glatt ist. Du kannst auch einen Stabmixer direkt im Topf verwenden, wenn du einen hast.

6. Gib die Suppe zurück in den Topf und stelle ihn wieder auf den Herd. Füge die Mandelmilch hinzu und erhitze die Suppe erneut, aber lasse sie nicht kochen.

7. Würze die Suppe mit Salz, Pfeffer und Zitronensaft. Schmecke ab und gib bei Bedarf noch mehr Würze hinzu. Gieße die Suppe in eine Schüssel und garniere sie mit der gehackten Petersilie.

Kohlsuppe mit Paprika

Zubereitungszeit: 25 Minuten
Portionen: 1 Person

Zutaten:

- 200 g Weißkohl, fein geschnitten
- 1 mittelgroße rote Paprika, entkernt und in Würfel geschnitten
- 1 mittelgroße Zwiebel, gewürfelt
- 1 Knoblauchzehe, fein gehackt
- 1 EL natives Olivenöl extra
- 500 ml Gemüsebrühe ohne Zuckerzusatz
- 1 TL getrockneter Thymian
- Salz und Pfeffer nach Geschmack
- 2 EL Bio-Zitronensaft
- 1 EL frisch gehackte Petersilie

Zubereitung:

1. Erhitze das Olivenöl in einem großen Topf auf mittlerer Hitze. Füge die Zwiebel und den Knoblauch hinzu und dünste sie etwa 2-3 Minuten, bis sie weich und duftend sind.

2. Füge den fein geschnittenen Weißkohl und die Paprika-Würfel hinzu. Brate das Gemüse etwa 5 Minuten an, bis es anfängt, weich zu werden. Rühre regelmäßig um, damit nichts anbrennt.

3. Streue den getrockneten Thymian über das Gemüse, rühre gut um und brate das Ganze noch eine weitere Minute.

4. Gieße die Gemüsebrühe in den Topf und bringe die Suppe zum Kochen. Reduziere dann die Hitze und lasse die Suppe 15 Minuten köcheln, bis der Kohl weich ist.

5. Schmecke die Suppe mit Salz, Pfeffer und Zitronensaft ab. Lass die Suppe noch ein paar Minuten auf niedriger Hitze ziehen, damit sich die Aromen entfalten können.

6. Verteile die Suppe in eine Schüssel und garniere sie mit frisch gehackter Petersilie. Guten Appetit!

Rote-Bete-Suppe mit Kokosmilch

Zubereitungszeit: 30 Minuten
Portionen: 1 Person

Zutaten:

- 200 g Rote Bete, gewaschen und grob gewürfelt
- 1 EL natives Olivenöl extra
- 1 kleine Zwiebel, geschält und fein gewürfelt
- 1 kleine Karotte, geschält und fein gewürfelt
- 1 kleines Stück Ingwer, geschält und fein gehackt
- 1 kleine Knoblauchzehe, geschält und fein gehackt
- 200 ml Gemüsebrühe ohne Zuckerzusatz
- 100 ml Kokosmilch
- Salz und Pfeffer nach Geschmack
- 1 EL Bio-Zitronensaft
- 1 EL frische Petersilie, fein gehackt

Zubereitung:

1. Erhitze das Olivenöl in einem Topf. Gib die Zwiebeln, Karotten, den Ingwer und den Knoblauch hinein. Dünste sie für etwa 5 Minuten, bis die Zwiebeln weich sind.

2. Füge die Rote Bete hinzu und rühre sie gut um, so dass sie mit dem Öl und den anderen Zutaten vermischt ist. Lass das Gemüse weitere 5 Minuten köcheln.

3. Gib die Gemüsebrühe hinzu und lass die Suppe auf mittlerer Hitze 15 Minuten köcheln, bis die Rote Bete weich ist.

4. Nimm den Topf vom Herd und lass die Suppe etwas abkühlen. Gib sie dann in einen Mixer und püriere sie, bis sie glatt ist.

5. Gib die Suppe zurück in den Topf, füge die Kokosmilch hinzu und erwärme sie erneut. Schmecke sie mit Salz, Pfeffer und Zitronensaft ab.

6. Serviere die Suppe heiß, garniert mit der frischen Petersilie.

Zucchini-Curry-Suppe

Zubereitungszeit: 25 Minuten
Portionen: 1 Person

Zutaten:

- 1 mittelgroße Zucchini, gewaschen und in Würfel geschnitten
- 1 kleine Zwiebel, geschält und gewürfelt
- 1 kleine Karotte, geschält und gewürfelt
- 1 EL Rapsöl
- 1 TL Currypulver
- 1 TL Kreuzkümmel, gemahlen
- 500 ml Gemüsebrühe ohne Zuckerzusatz
- Salz und Pfeffer zum Abschmecken
- 1 EL frischer Bio-Zitronensaft
- 1 EL frisch gehackter Koriander (optional)

Zubereitung:

1. Erhitze das Rapsöl in einem mittelgroßen Topf bei mittlerer Hitze. Gib die gewürfelte Zwiebel hinzu und brate sie an, bis sie glasig ist.

2. Füge die gewürfelte Karotte und Zucchini hinzu und brate sie weitere 5 Minuten, bis sie anfangen, weich zu werden.

3. Streue das Currypulver und den Kreuzkümmel über das Gemüse und rühre gut um, damit alles gut gewürzt ist. Lasse das Gemüse weitere 2 Minuten köcheln, damit die Gewürze ihren Geschmack entfalten können.

4. Gieße nun die Gemüsebrühe in den Topf und bringe alles zum Kochen. Reduziere die Hitze und lasse die Suppe 15 Minuten lang leicht köcheln.

5. Nach der Kochzeit püriere die Suppe mit einem Stabmixer, bis sie glatt ist. Schmecke sie mit Salz, Pfeffer und Zitronensaft ab.

6. Fülle die Suppe in eine Schüssel und garniere sie nach Wunsch mit frischem Koriander. Guten Appetit!

Salate

Frischer Spinatsalat mit Hühnchen

Zubereitungszeit: 25 Minuten
Portionen: 1 Person

Zutaten:

- 150 g Hähnchenbrustfilet
- 60 g frischer Babyspinat, gewaschen
- 100 g Cherry-Tomaten, halbiert
- 1/2 Gurke, in Scheiben geschnitten
- 1 EL natives Olivenöl extra
- 1 EL Apfelessig
- 1 TL Senf
- Salz und Pfeffer nach Geschmack
- 1 EL gehackte frische Petersilie

Zubereitung:

1. Heize eine Pfanne auf mittlerer Hitze vor. Gib das Hähnchenbrustfilet hinein und brate es etwa 7 Minuten auf jeder Seite, bis es durch ist und eine schöne goldene Farbe hat. Lasse es auf einem Teller abkühlen.

2. Während das Hühnchen abkühlt, bereite deinen Salat vor. Vermische in einer großen Schüssel den Spinat, die halbierten Cherry-Tomaten und die Gurkenscheiben.

3. Schneide das abgekühlte Hühnchen in Scheiben und füge es zu deinem Salat hinzu.

4. Für das Dressing vermische das Olivenöl, den Apfelessig und den Senf in einer kleinen Schüssel. Würze mit Salz und Pfeffer nach Geschmack.

5. Gieße das Dressing über den Salat und das Hühnchen. Vermische alles gut, damit alle Zutaten mit dem Dressing bedeckt sind. Streue die gehackte Petersilie über den Salat.

Quinoa-Salat mit Avocado und Tomaten

Zubereitungszeit: 20 Minuten
Portionen: 1 Person

Zutaten:

- 60 g Quinoa
- 125 ml Wasser
- 1 reife Avocado, halbiert und entkernt
- 1 frische Tomate, gewürfelt
- 1 kleine rote Zwiebel, fein gewürfelt
- 1 EL natives Olivenöl extra
- 1 TL Apfelessig
- Eine Prise Salz und schwarzer Pfeffer
- 2 EL frischer Koriander, gehackt
- 1 EL Bio-Zitronensaft

Zubereitung:

1. Zuerst nimmst du den Quinoa, spülst ihn gut unter fließendem Wasser ab und lässt ihn dann abtropfen.

2. Gib dann den Quinoa mit dem Wasser in einen kleinen Topf. Lass das Wasser zum Kochen kommen, reduziere die Hitze und lass den Quinoa 15 Minuten lang zugedeckt köcheln, bis er weich ist und das Wasser aufgenommen hat. Nimm den Topf vom Herd und lass den Quinoa für 5 Minuten ruhen, dann lockere ihn mit einer Gabel auf.

3. Während der Quinoa kocht, bereite die Avocado vor. Löffle das Fruchtfleisch heraus und schneide es in Würfel. Gib die Avocado-Würfel in eine Schüssel.

4. Füge nun die gewürfelte Tomate und die fein gewürfelte Zwiebel zu der Avocado in die Schüssel.

5. In einer kleinen Schüssel mische das Olivenöl, den Apfelessig, Salz und Pfeffer, um ein einfaches Dressing zu kreieren.

6. Gib das Dressing zu den Avocados, Tomaten und Zwiebeln und rühre vorsichtig um, um alles gut zu vermischen.

7. Sobald der Quinoa abgekühlt ist, mische ihn mit den restlichen Zutaten in der Schüssel.

8. Füge den frischen Koriander und Zitronensaft hinzu und mische alles noch einmal gründlich durch.

Rote-Bete-Carpaccio

Zubereitungszeit: 15 Minuten
Portionen: 1 Person

Zutaten:

- 1 mittelgroße Rote Bete, gekocht und abgekühlt
- 1 EL natives Olivenöl extra
- 1 TL frischer Bio-Zitronensaft
- 1/4 TL grobes Meersalz
- 1/4 TL frisch gemahlener schwarzer Pfeffer
- 20 g Rucola
- 20 g Parmesan, fein gerieben
- 1 EL Pinienkerne, geröstet

Zubereitung:

1. Schneide die gekochte Rote Bete in hauchdünne Scheiben. Nutze dazu am besten ein scharfes Messer oder einen Gemüsehobel. Die Scheiben sollten so dünn sein, dass sie fast durchsichtig sind.

2. Lege die Rote-Bete-Scheiben auf einen Teller und verteile sie gleichmäßig.

3. Vermische in einer kleinen Schüssel das Olivenöl, den frischen Zitronensaft, das grobe Meersalz und den frisch gemahlenen schwarzen Pfeffer.

4. Träufle die Mischung gleichmäßig über die Rote-Bete-Scheiben.

5. Wasche den Rucola gründlich und tupfe ihn trocken. Verteile ihn über den Rote-Bete-Scheiben.

6. Streue den fein geriebenen Parmesan über den Salat.

7. Verteile die gerösteten Pinienkerne über den Salat.

8. Serviere das Carpaccio sofort.

Griechischer Salat mit Feta

Zubereitungszeit: 20 Minuten
Portionen: 1 Person

Zutaten:

- 1 Handvoll Römersalat, gewaschen und zerkleinert
- 1 kleine rote Zwiebel, in feine Streifen geschnitten
- 1/2 große reife Tomate, gewürfelt
- 1/2 grüne Paprika, gewürfelt
- 5 schwarze Oliven, entsteint und halbiert
- 40 g Feta-Käse, gewürfelt
- 1 EL natives Olivenöl extra
- 1/2 EL Weißweinessig
- 1 TL getrockneter Oregano
- Salz und Pfeffer zum Abschmecken

Zubereitung:

1. Nimm zuerst den Salat und lege ihn in eine große Salatschüssel.

2. Füge die fein geschnittene rote Zwiebel, die gewürfelte Tomate und Paprika hinzu.

3. Gib dann die halbierten Oliven und den gewürfelten Feta-Käse in die Schüssel.

4. In einem kleinen Behälter mischst du Olivenöl, Weißweinessig, Oregano, Salz und Pfeffer zusammen, um dein Dressing zu erstellen.

5. Gib das Dressing über den Salat und mische alle Zutaten vorsichtig durch, bis alles gut vermengt ist.

6. Lass den Salat etwa 10 Minuten stehen, damit die Aromen sich vermischen können, bevor du ihn genießt.

Salat mit gegrilltem Lachs und Zitronendressing

Zubereitungszeit: 25 Minuten
Portionen: 1 Person

Zutaten:

- 150 g frischer Lachs, Haut entfernt
- Salz und Pfeffer nach Geschmack
- 1 EL natives Olivenöl extra
- 100 g gemischte Salatblätter, gewaschen und getrocknet
- 50 g Kirschtomaten, halbiert
- 40 g Gurke, in Scheiben geschnitten
- 10 g frische Dillspitzen
- 1/2 Bio-Zitrone, Saft und Schale
- 2 EL natives Olivenöl extra
- 1 TL Dijonsenf

Zubereitung:

1. Heize deinen Grill auf mittlere Hitze vor. Würze den Lachs mit Salz und Pfeffer und beträufle ihn mit 1 EL Olivenöl. Lege den Lachs auf den Grill und lasse ihn etwa 3-4 Minuten pro Seite garen, bis er durch ist und leicht zerfällt. Lege ihn dann beiseite.

2. Während der Lachs grillt, bereite den Salat zu. Verteile die gemischten Salatblätter auf einem Teller und gib die halbierten Kirschtomaten und die Gurkenscheiben dazu.

3. Für das Zitronendressing mische den Saft und die Schale der halben Zitrone, das Olivenöl und den Dijonsenf in einer kleinen Schüssel. Würze mit Salz und Pfeffer und rühre das Dressing gut um, bis es emulgiert ist.

4. Sobald der Lachs gegrillt ist, zerfleische ihn grob mit einer Gabel und verteile ihn über den Salat. Träufle das Zitronendressing darüber und garniere mit den frischen Dillspitzen.

5. Serviere den Salat sofort und genieße deine zuckerfreie Mahlzeit.

Couscous-Salat mit frischem Gemüse

Zubereitungszeit: 20 Minuten
Portionen: 1 Person

Zutaten:

- 50 g Couscous
- 100 ml Gemüsebrühe ohne Zuckerzusatz
- 1/2 mittelgroße rote Paprika, gewürfelt
- 1/2 mittelgroße gelbe Paprika, gewürfelt
- 1 kleine Karotte, fein gerieben
- 2 Frühlingszwiebeln, in Ringe geschnitten
- 15 g frische Minze, fein gehackt
- 1 EL natives Olivenöl extra
- Saft von 1/2 Bio-Zitrone
- Salz und Pfeffer nach Geschmack

Zubereitung:

1. Setze zuerst die Gemüsebrühe in einem kleinen Topf auf den Herd und bringe sie zum Kochen.

2. Gib den Couscous in eine Schüssel und gieße die kochende Gemüsebrühe darüber. Decke die Schüssel ab und lasse den Couscous etwa 10 Minuten quellen.

3. Während der Couscous quillt, bereite das Gemüse vor. Würfle die Paprikaschoten, reibe die Karotte und schneide die Frühlingszwiebeln in Ringe.

4. Sobald der Couscous die gesamte Flüssigkeit aufgenommen hat, lockere ihn mit einer Gabel auf und füge das vorbereitete Gemüse hinzu.

5. Mische in einer kleinen Schüssel das Olivenöl, den Zitronensaft, Salz und Pfeffer. Dies ist dein Dressing.

6. Gib das Dressing zum Salat und rühre alles gut durch, sodass das Dressing gleichmäßig verteilt ist.

7. Zum Schluss fügst du die fein gehackte Minze hinzu und mischst den Salat noch einmal gut durch.

Mango-Avocado-Salat

Zubereitungszeit: 15 Minuten
Portionen: 1 Person

Zutaten:

- 1 reife Mango, gewürfelt
- 1 reife Avocado, gewürfelt
- 60 g Baby-Spinat, gewaschen und trocken getupft
- 1 Frühlingszwiebel, fein gehackt
- 10 g frische Korianderblätter, grob gehackt
- 30 ml natives Olivenöl extra
- Saft von 1 Bio-Limette
- Salz und schwarzer Pfeffer nach Geschmack

Zubereitung:

1. Lege die gewürfelte Mango und Avocado in eine Schüssel. Achte darauf, dass die Stücke nicht zu klein sind, damit sie ihren Biss behalten.

2. Füge den gewaschenen Spinat, die fein gehackte Frühlingszwiebel und die grob gehackten Korianderblätter hinzu.

3. Für das Dressing vermische das Olivenöl und den Limettensaft in einer kleinen Schüssel. Würze mit Salz und Pfeffer nach Geschmack.

4. Gib das Dressing über den Salat und vermische alles sorgfältig, sodass die Zutaten gut bedeckt sind.

5. Lass den Salat etwa 5 Minuten stehen, um die Aromen zu entfalten, und serviere ihn dann sofort.

Rucola-Salat mit Parmesan und Kirschtomaten

Zubereitungszeit: 15 Minuten
Portionen: 1 Person

Zutaten:

- 60 g Rucola, frisch und gründlich gewaschen
- 10 Kirschtomaten, gewaschen und halbiert
- 30 g Parmesan, frisch gerieben
- 1 EL Balsamico-Essig
- 2 EL natives Olivenöl extra
- Eine Prise Salz
- Eine Prise Pfeffer
- 10 g Pinienkerne
- 1/2 rote Zwiebel, dünn geschnitten
- 1/2 Bio-Zitrone, ausgepresst

Zubereitung:

1. Nimm eine Pfanne und röste die Pinienkerne bei mittlerer Hitze an, bis sie goldbraun sind. Achte dabei darauf, sie nicht zu verbrennen. Sobald sie fertig sind, stelle sie zur Seite.

2. In einer Salatschüssel vermische den Rucola und die halbierten Kirschtomaten. Füge die dünn geschnittenen roten Zwiebeln hinzu.

3. In einer kleinen Schüssel bereitest du das Dressing zu. Dazu vermischt du den Balsamico-Essig, das Olivenöl und den Zitronensaft. Würze es mit einer Prise Salz und Pfeffer.

4. Gib das Dressing über den Salat und vermische alles gut. Achte dabei darauf, dass der Salat gleichmäßig bedeckt ist.

5. Bestreue den Salat mit dem geriebenen Parmesan und den gerösteten Pinienkernen. Schon ist dein Salat fertig!

Radieschensalat mit Gurke und Joghurtdressing

Zubereitungszeit: 15 Minuten
Portionen: 1 Person

Zutaten:

- 6 frische Radieschen, gewaschen und in dünne Scheiben geschnitten
- 1/2 mittelgroße Gurke, gewaschen und in dünne Scheiben geschnitten
- 100 g Naturjoghurt
- 1 EL natives Olivenöl extra
- 1/2 TL Meersalz
- 1/4 TL frisch gemahlener schwarzer Pfeffer
- 2 EL frische Petersilie, gehackt
- 1 TL Bio-Zitronensaft, frisch gepresst
- 1/4 kleine rote Zwiebel, fein gehackt

Zubereitung:

1. Bereite zunächst das Dressing vor: In einer kleinen Schüssel mischst du den Naturjoghurt, Olivenöl, Zitronensaft, Salz und Pfeffer gründlich miteinander. Rühre dann die fein gehackte rote Zwiebel unter.

2. In einer separaten, größeren Schüssel vermengst du die in Scheiben geschnittenen Radieschen und Gurken.

3. Gib das Joghurtdressing zu den geschnittenen Gemüsen und mische alles gut durch, bis die Radieschen und Gurken gleichmäßig mit dem Dressing überzogen sind.

4. Zum Schluss streust du die gehackte Petersilie darüber und vermengst alles noch einmal leicht.

5. Serviere deinen Salat sofort, damit er frisch und knackig bleibt. Guten Appetit!

Bulgursalat mit Tomaten und Gurken

Zubereitungszeit: 30 Minuten
Portionen: 1 Person

Zutaten:

- 50 g Bulgur
- 1 kleine Tomate, gewürfelt
- 1/2 Salatgurke, gewürfelt
- 1 Frühlingszwiebel, fein gehackt
- 2 EL natives Olivenöl extra
- 1 EL Weißweinessig
- 1/2 Bio-Zitrone, der Saft
- Salz und Pfeffer nach Geschmack
- 1 EL frische Petersilie, gehackt
- 1 TL frische Minze, gehackt

Zubereitung:

1. Gib den Bulgur in eine hitzebeständige Schüssel und übergieße ihn mit 150 ml kochendem Wasser. Decke die Schüssel ab und lass den Bulgur etwa 20 Minuten quellen, bis er das Wasser vollständig aufgenommen hat.

2. In der Zwischenzeit bereitest du das Gemüse vor. Würfle die Tomate und die Gurke und hacke die Frühlingszwiebel. Gib alles in eine große Schüssel.

3. Bereite das Dressing vor. Mische das Olivenöl, den Weißweinessig und den Zitronensaft in einer kleinen Schüssel. Würze mit Salz und Pfeffer.

4. Sobald der Bulgur fertig ist, lass ihn kurz abkühlen und gib ihn dann zu dem vorbereiteten Gemüse.

5. Gib nun das Dressing darüber und mische alles gut durch.

6. Füge die gehackte Petersilie und Minze hinzu und mische erneut. Genieße deinen Bulgursalat direkt, oder lass ihn noch etwas durchziehen, um die Aromen intensiver zu machen.

Vegan

Buddha Bowl mit Quinoa

Zubereitungszeit: 30 Minuten
Portionen: 1 Person

Zutaten:

- 50 g Quinoa, abgespült
- 150 ml Gemüsebrühe ohne Zuckerzusatz
- 1 kleiner Süßkartoffel, geschält und gewürfelt
- 1 TL natives Olivenöl extra
- 1 TL Kreuzkümmel, gemahlen
- 100 g Brokkoli, in Röschen geschnitten
- 70 g Kichererbsen, abgetropft und abgespült
- 1/2 Avocado, entkernt und in Scheiben geschnitten
- 1/2 Bio-Limette, Saft und abgeriebene Schale
- Salz und Pfeffer zum Abschmecken
- 2 EL frischer Koriander, gehackt

Zubereitung:

1. Gib den Quinoa in einen kleinen Topf und füge die Gemüsebrühe hinzu. Lass das Ganze aufkochen und dann bei niedriger Hitze ca. 15 Minuten köcheln, bis die gesamte Flüssigkeit aufgenommen wurde. Lass den Quinoa abgedeckt zur Seite stehen.

2. Heize den Ofen auf 200 Grad vor. Lege die Süßkartoffelwürfel auf ein mit Backpapier ausgelegtes Backblech, beträufle sie mit Olivenöl und streue den Kreuzkümmel darüber. Backe sie für ca. 15 Minuten oder bis sie weich sind.

3. Dämpfe währenddessen den Brokkoli, bis er bissfest ist. Dies dauert in der Regel etwa 5 Minuten.

4. In einer großen Schüssel vermischt du nun Quinoa, Süßkartoffelwürfel, Brokkoli und Kichererbsen. Ordne die Avocadoscheiben obendrauf an. Würze die Buddha Bowl mit Limettensaft, -schale, Salz und Pfeffer und garniere sie mit frischem Koriander.

Gemüsecurry mit Kokosmilch

Zubereitungszeit: 25 Minuten
Portionen: 1 Person

Zutaten:

- 100 g Brokkoli, in kleine Röschen geteilt
- 1 kleine Karotte, in dünne Scheiben geschnitten
- 50 g Champignons, in Scheiben geschnitten
- 1/2 rote Paprika, in Streifen geschnitten
- 1 Frühlingszwiebel, in Ringe geschnitten
- 1 EL Kokosöl
- 1 TL Currypulver
- 1/2 TL Kurkuma
- 1/2 TL Ingwerpulver
- 200 ml Kokosmilch
- Salz und Pfeffer nach Geschmack

Zubereitung:

1. Erhitze das Kokosöl in einer großen Pfanne bei mittlerer Hitze.

2. Gib das Gemüse (Brokkoli, Karotte, Champignons, Paprika und Frühlingszwiebel) in die Pfanne und brate es für etwa 5-7 Minuten an, bis es leicht gebräunt und knusprig ist.

3. Streue das Currypulver, Kurkuma und Ingwerpulver über das Gemüse und rühre alles gut um, so dass das Gemüse gleichmäßig gewürzt ist.

4. Gieße die Kokosmilch in die Pfanne und rühre sie unter das Gemüse. Lass das Ganze für etwa 10-12 Minuten köcheln, bis die Kokosmilch leicht eingedickt ist und das Gemüse gar ist.

5. Würze das Curry mit Salz und Pfeffer nach deinem Geschmack.

6. Serviere das Gemüsecurry heiß, vielleicht mit etwas frisch gekochtem Reis oder Naanbrot.

Spaghetti Bolognese mit Linsen

Zubereitungszeit: 35 Minuten
Portionen: 1 Person

Zutaten:

- 70 g Vollkornspaghetti, roh
- 1 kleine rote Zwiebel, gewürfelt
- 1 Knoblauchzehe, fein gehackt
- 1 kleine Karotte, gewürfelt
- 1/2 rote Paprika, gewürfelt
- 60 g grüne Linsen, abgespült
- 400 ml Gemüsebrühe ohne Zuckerzusatz
- 200 ml passierte Tomaten
- 1 EL natives Olivenöl extra
- 1 TL getrockneter Oregano
- 1 TL getrockneter Thymian
- Salz und Pfeffer nach Geschmack

Zubereitung:

1. Setze einen Topf mit Wasser für die Spaghetti auf und bringe das Wasser zum Kochen. Gib die Vollkornspaghetti hinein und koche sie gemäß der Anweisungen auf der Verpackung bis sie „al dente" sind.

2. Während die Spaghetti kochen, erhitzt du in einer Pfanne das Olivenöl und gibst die gewürfelte Zwiebel hinzu. Dünste sie für etwa 2 Minuten, bis sie glasig wird.

3. Füge den gehackten Knoblauch, die gewürfelte Karotte und die gewürfelte Paprika hinzu und brate sie für weitere 5 Minuten an.

4. Gib nun die abgespülten grünen Linsen hinzu und gieße die Gemüsebrühe dazu. Lasse alles für 15 Minuten auf mittlerer Hitze köcheln.

5. Nun gibst du die passierten Tomaten und die Gewürze (Oregano, Thymian, Salz und Pfeffer) dazu und lässt die Soße für weitere 10 Minuten köcheln, bis sie eindickt und die Linsen gar sind.

6. Die gekochten Spaghetti abgießen und auf einem Teller anrichten. Gib die Linsen-Bolognese darüber und serviere das Gericht heiß.

Linsen-Burger mit Avocado

Zubereitungszeit: 30 Minuten
Portionen: 1 Burger

Zutaten:

- 100 g grüne Linsen, gewaschen und abgetropft
- 1/2 reife Avocado, entkernt und gehäutet
- 1/2 rote Zwiebel, fein gewürfelt
- 1 Knoblauchzehe, fein gehackt
- 50 g Vollkornbrösel
- 1 EL natives Olivenöl extra
- 1 TL Kreuzkümmel, gemahlen
- 1 TL Paprika, gemahlen
- Salz und Pfeffer nach Geschmack
- 1 Vollkornbrötchen, halbiert
- Einige Blätter Salat (nach Wahl)
- 1 EL Hummus (optional)

Zubereitung:

1. Koche die Linsen in einer mittelgroßen Pfanne nach Anleitung auf der Packung. Sie sollten weich sein, aber noch Biss haben. Gieße sie dann ab und lasse sie etwas abkühlen.

2. In einer Pfanne erhitze das Olivenöl auf mittlerer Stufe. Füge die Zwiebel und Knoblauch hinzu und dünste sie, bis sie weich und duftend sind.

3. Gib die gekochten Linsen in eine große Schüssel. Füge die gedünsteten Zwiebeln und Knoblauch, Vollkornbrösel, Kreuzkümmel, Paprika, Salz und Pfeffer hinzu. Vermenge alles gut mit einer Gabel oder deinen Händen, bis eine formbare Masse entsteht.

4. Forme aus der Masse einen Burger-Patty und stelle ihn für etwa 10 Minuten in den Kühlschrank, um ihn zu festigen.

5. Erhitze etwas mehr Olivenöl in der Pfanne und brate den Burger von beiden Seiten, bis er knusprig und gebräunt ist.

6. Zum Schluss bereite deinen Burger vor: Belege eine Hälfte des Brötchens mit Salatblättern, dann mit dem Linsen-Burger und schließlich mit Scheiben der reifen Avocado. Wenn du möchtest, kannst du noch etwas Hummus darauf verteilen, bevor du die obere Brötchenhälfte aufsetzt.

Mediterranes Gemüse aus dem Ofen

Zubereitungszeit: 30 Minuten
Portionen: 1 Person

Zutaten:

- 150 g Kirschtomaten, halbiert
- 1 kleine Zucchini, in Scheiben geschnitten
- 1 kleine rote Paprika, in Streifen geschnitten
- 1 kleine gelbe Paprika, in Streifen geschnitten
- 1 kleine Aubergine, gewürfelt
- 1 Knoblauchzehe, fein gehackt
- 3 EL natives Olivenöl extra
- 1 TL Oregano
- Salz und Pfeffer nach Geschmack
- 2 EL frischer Basilikum, gehackt

Zubereitung:

1. Heize deinen Backofen auf 200 Grad vor.

2. Lege das vorbereitete Gemüse auf ein Backblech und verteile den gehackten Knoblauch darüber.

3. Träufle das Olivenöl über das Gemüse und streue den Oregano, Salz und Pfeffer darüber.

4. Backe das Gemüse im vorgeheizten Ofen für etwa 20 Minuten, bis es schön gebräunt und weich ist.

5. Bestreue das gebackene Gemüse vor dem Servieren mit dem frischen Basilikum.

Pfannkuchen mit Beeren

Zubereitungszeit: 20 Minuten
Portionen: Ergibt ca. 5-6 Pfannkuchen

Zutaten:

- 120 g Dinkelvollkornmehl
- 1 TL Backpulver
- Eine Prise Salz
- 240 ml Mandelmilch, ungesüßt
- 2 EL Chiasamen, vorab in 6
  EL Wasser eingeweicht
- 1 TL Vanilleextrakt
- 150 g Beeren (Himbeeren,
  Blaubeeren, Erdbeeren), gewaschen und in Stücke geschnitten
- 1 EL Kokosöl für die Pfanne

Zubereitung:

1. Mische zuerst das Dinkelvollkornmehl, das Backpulver und das Salz in einer großen Schüssel.

2. Füge die eingeweichten Chiasamen, die Mandelmilch und den Vanille-extrakt hinzu. Rühre alles gut um, bis ein glatter Teig entsteht.

3. Heize eine beschichtete Pfanne bei mittlerer Hitze vor und gib einen kleinen Klecks Kokosöl hinein.

4. Für jeden Pfannkuchen gib eine kleine Kelle des Teigs in die Pfanne. Verteile auf dem Teig eine Handvoll Beeren.

5. Backe den Pfannkuchen auf einer Seite, bis kleine Blasen auf der Ober-fläche erscheinen, dann wende ihn und backe ihn auf der anderen Seite, bis er goldbraun ist.

6. Wiederhole den Vorgang mit dem restlichen Teig und den Beeren, bis alle Pfannkuchen zubereitet sind.

Pilzrisotto mit Petersilie

Zubereitungszeit: 35 Minuten
Portionen: 1 Person

Zutaten:

- 100 g Arborio-Reis (Risotto-Reis)
- 250 ml Gemüsebrühe ohne Zuckerzusatz
- 1 kleine Zwiebel, gewürfelt
- 2 Knoblauchzehen, gehackt
- 100 g gemischte Pilze, geschnitten und gesäubert
- 1 EL natives Olivenöl extra
- Salz und Pfeffer nach Geschmack
- 1/2 Bund frische Petersilie, gewaschen und grob gehackt
- 1 EL Hefeflocken (optional, für einen käseähnlichen Geschmack)

Zubereitung:

1. Erhitze das Olivenöl in einer tiefen Pfanne bei mittlerer Hitze. Füge die gewürfelte Zwiebel hinzu und brate sie, bis sie weich und durchsichtig ist.

2. Gib den gehackten Knoblauch hinzu und rühre um, bis er duftend ist. Pass auf, dass er nicht anbrennt.

3. Füge nun den Reis hinzu und rühre so lange um, bis er in das Öl eingearbeitet ist und leicht glasig wirkt.

4. Nun kommen die geschnittenen Pilze in die Pfanne. Rühre um, bis sie weich sind und ihren Saft abgeben.

5. Gieße eine kleine Menge der Gemüsebrühe in die Pfanne und rühre kontinuierlich um. Sobald die Flüssigkeit absorbiert ist, füge die nächste Portion Brühe hinzu. Wiederhole diesen Vorgang, bis der Reis weich und die Brühe aufgebraucht ist.

6. Füge nun die Hefeflocken hinzu (falls verwendet), sowie Salz und Pfeffer nach Geschmack. Rühre um, bis alles gut vermischt ist.

7. Zuletzt streust du die gehackte Petersilie über das Risotto und rührst ein letztes Mal um, bevor du es servierst. Genieße deine Mahlzeit!

Zucchini-Spaghetti

Zubereitungszeit: 20 Minuten
Portionen: 1 Person

Zutaten:

- 1 große Zucchini, gewaschen und in lange Streifen geschnitten
- 200 g Kirschtomaten, halbiert
- 2 EL natives Olivenöl extra
- 1 Schalotte, fein gehackt
- 2 Knoblauchzehen, fein gehackt
- 1 TL Oregano
- 1/2 TL Chiliflocken
- 1 EL Balsamico-Essig
- Salz und Pfeffer nach Geschmack
- Ein paar frische Basilikumblätter zur Garnierung

Zubereitung:

1. Erhitze 1 EL Olivenöl in einer Pfanne über mittlerer Hitze. Gib die Schalotte und den Knoblauch hinzu und brate sie, bis sie weich sind.

2. Füge die halbierten Kirschtomaten, Oregano und Chiliflocken hinzu. Lass die Mischung für ca. 10 Minuten köcheln, bis die Tomaten weich sind und ihre Säfte freigeben.

3. Während die Sauce köchelt, bereite die Zucchini vor. Erhitze den restlichen EL Olivenöl in einer anderen Pfanne. Füge die Zucchini-Streifen hinzu und brate sie ein paar Minuten an, bis sie weich sind.

4. Würze die Tomatensauce mit Salz, Pfeffer und Balsamico-Essig. Rühre gut um.

5. Lege die Zucchini-Spaghetti auf einen Teller und gieße die Tomatensauce darüber. Garniere mit frischen Basilikumblättern.

Spinat-Tofu-Lasagne

Zubereitungszeit: 30 Minuten
Portionen: 1 Person

Zutaten:

- 3 Lasagneblätter
- 200 g Tofu, in Würfel geschnitten
- 200 g frischer Spinat, gewaschen und geschnitten
- 1 mittelgroße Zwiebel, geschält und gewürfelt
- 2 Knoblauchzehen, geschält und fein gehackt
- 150 ml Tomatensauce
- 75 ml ungesüßte Mandelmilch
- 2 EL natives Olivenöl extra
- 1 TL Salz
- 1/2 TL schwarzer Pfeffer
- 1 TL Oregano
- 1 TL Basilikum

Zubereitung:

1. Setze eine Pfanne auf mittlerer Hitze auf den Herd, gebe das Olivenöl hinein und warte einen Moment, bis es heiß ist.

2. Füge die gewürfelte Zwiebel und den fein gehackten Knoblauch hinzu. Lasse das Ganze für 5 Minuten anbraten, bis die Zwiebeln glasig sind.

3. Gib den Tofu in die Pfanne. Würze ihn mit Salz, Pfeffer, Oregano und Basilikum. Lass alles für weitere 5 Minuten köcheln.

4. Nun kommt der Spinat dazu. Du musst ihn so lange rühren, bis er zusammengefallen ist. Das dauert etwa 2-3 Minuten.

5. Heize deinen Ofen auf 200 Grad vor.

6. Gib nun die Tomatensauce in die Pfanne und rühre gut um. Lass die Mischung weitere 2 Minuten köcheln.

7. Nun beginnst du mit dem Schichten deiner Lasagne. Beginne mit einer Schicht der Spinat-Tofu-Mischung, dann legst du ein Lasagneblatt darüber. Wiederhole diesen Vorgang, bis alle Zutaten aufgebraucht sind. Gieße die Mandelmilch über die oberste Schicht.

8. Stelle die Lasagne für 15 Minuten in den Ofen, bis sie goldbraun ist. Lass es dir schmecken!

Kürbis-Gnocchi mit Salbeibutter

Zubereitungszeit: 40 Minuten
Portionen: 1 Person

Zutaten:

- 150 g Hokkaido-Kürbis, in Würfeln
- 50 g Kartoffeln, in Würfeln
- 80 g Mehl, und etwas mehr zum Ausrollen
- 1/2 TL Salz
- 1 Prise Pfeffer
- 10 g frischer Salbei, fein gehackt
- 20 ml natives Olivenöl extra

Zubereitung:

1. Zuerst die Kürbis- und Kartoffelwürfel in einem Topf mit Wasser bedecken und zum Kochen bringen. Lass das Ganze etwa 20 Minuten köcheln, bis alles schön weich ist.

2. Gieße das Wasser ab und püriere das Kürbis-Kartoffel-Gemisch in einer Schüssel, bis es schön cremig ist.

3. Füge das Mehl, Salz und Pfeffer hinzu und vermenge alles gut. Knete den Teig, bis er sich geschmeidig anfühlt und nicht mehr an deinen Händen klebt.

4. Teile den Teig in vier Teile. Rolle jeden Teil auf einer bemehlten Arbeitsfläche zu einer etwa fingerdicken Rolle und schneide kleine Gnocchi ab.

5. Bringe in einem Topf Wasser zum Kochen und gib die Gnocchi hinein. Sobald sie an der Oberfläche schwimmen, sind sie fertig. Fische sie mit einer Schaumkelle heraus und lass sie abtropfen.

6. Jetzt ist es Zeit für die Salbeibutter. Erhitze das Olivenöl in einer Pfanne und füge den gehackten Salbei hinzu. Brate den Salbei kurz an, bis er knusprig und das Öl aromatisch ist.

7. Gib die Gnocchi in die Pfanne und brate sie ein paar Minuten in der Salbeibutter an. Fertig!

Hauptgerichte

Hähnchenbrust mit Brokkoli und Mandeln

Zubereitungszeit: 30 Minuten
Portionen: 1 Person

Zutaten:

- 1 Hähnchenbrust (ca. 150 g), gewaschen und trocken getupft
- 150 g Brokkoli, gewaschen und in kleine Röschen geteilt
- 15 g Mandeln, gehackt
- 2 EL natives Olivenöl extra
- Salz und Pfeffer zum Abschmecken
- 1/2 TL Chiliflocken
- 1 Knoblauchzehe, fein gehackt
- 1 Schuss Bio-Zitronensaft
- 50 ml Hühnerbrühe

Zubereitung:

1. Erhitze 1 EL Olivenöl in einer Pfanne über mittlerer Hitze. Würze die Hähnchenbrust auf beiden Seiten mit Salz und Pfeffer und brate sie für ca. 6-8 Minuten pro Seite, oder bis sie durchgebraten ist. Nimm sie aus der Pfanne und lege sie beiseite.

2. Gib nun den restlichen EL Olivenöl in die Pfanne, füge den Brokkoli hinzu und brate ihn für ca. 4 Minuten oder bis er leuchtend grün und knusprig ist. Gib den gehackten Knoblauch hinzu und brate ihn für eine weitere Minute.

3. Füge nun die gehackten Mandeln und Chiliflocken hinzu und brate sie unter ständigem Rühren für weitere 2 Minuten.

4. Gieße die Hühnerbrühe und den Zitronensaft über das Gemüse und rühre alles gut um, während du die Brühe zum Kochen bringst. Lasse es für 2-3 Minuten köcheln, bis die Brühe etwas reduziert ist.

5. Lege die Hähnchenbrust zurück in die Pfanne und lasse sie noch 1-2 Minuten in der Soße erwärmen.

6. Serviere das Gericht sofort, mit der Hähnchenbrust oben auf dem Brokkoli und Mandeln.

Chili con Carne

Zubereitungszeit: 35 Minuten
Portionen: 1 Person

Zutaten:

- 200 g Rinderhackfleisch, frisch
- 1 kleine rote Paprika, entkernt und gewürfelt
- 1 kleine Dose Kidneybohnen, abgetropft (etwa 200 g)
- 1 kleine Zwiebel, geschält und gewürfelt
- 1 Knoblauchzehe, fein gehackt
- 200 g stückige Tomaten aus der Dose
- 1 EL natives Olivenöl extra
- 1/2 TL Kreuzkümmel
- 1/2 TL Paprika, edelsüß
- 1/2 TL Chilipulver
- Salz und Pfeffer nach Geschmack

Zubereitung:

1. Erhitze das Olivenöl in einer mittelgroßen Pfanne bei mittlerer Hitze. Gib die Zwiebeln und den Knoblauch hinein und brate sie etwa 2 Minuten, bis sie weich und duftend sind.

2. Füge das Rinderhackfleisch hinzu und brate es, bis es gleichmäßig gebräunt ist. Zerbreche das Fleisch während des Bratens mit einem Löffel in kleine Stücke.

3. Gib die Paprika in die Pfanne und brate sie mit, bis sie weich ist.

4. Streue den Kreuzkümmel, das Paprikapulver und das Chilipulver über das Fleisch und die Paprika. Rühre gut um, um alles gleichmäßig zu verteilen.

5. Füge die Kidneybohnen und die stückigen Tomaten hinzu. Rühre alles gut durch und lasse das Chili für etwa 15-20 Minuten köcheln.

6. Schmecke das Chili mit Salz und Pfeffer ab. Falls du es schärfer magst, kannst du jetzt auch noch etwas Chilipulver hinzufügen.

7. Nimm die Pfanne vom Herd und lasse das Chili noch ein paar Minuten stehen, bevor du es servierst. Dies hilft, die Aromen zu intensivieren.

Quinoa-Pfanne mit Hähnchen und Gemüse

Zubereitungszeit: 30 Minuten
Portionen: 1 Person

Zutaten:

- 150 g Hähnchenbrust, in Würfel geschnitten
- 75 g Quinoa, gut abgespült
- 100 g Brokkoli, in kleine Röschen geschnitten
- 1 Karotte, in dünne Scheiben geschnitten
- 1 rote Paprika, entkernt und in kleine Stücke geschnitten
- 2 EL natives Olivenöl extra
- 2 TL Sojasauce
- 1/2 TL Paprika
- Salz und Pfeffer nach Geschmack

Zubereitung:

1. Erhitze 1 EL Olivenöl in einer großen Pfanne über mittlerer Hitze. Füge die Hähnchenbrustwürfel hinzu und brate sie, bis sie durchgegart und leicht gebräunt sind. Entferne das Hähnchen aus der Pfanne und stelle es beiseite.

2. Gib den restlichen EL Olivenöl in die Pfanne und füge den Brokkoli, die Karotte und die Paprika hinzu. Koche das Gemüse für etwa 5 Minuten, bis es knusprig und hell in der Farbe ist.

3. Während das Gemüse kocht, bringe Quinoa in einem separaten Topf mit der doppelten Menge Wasser zum Kochen. Reduziere die Hitze, decke den Topf ab und lasse den Quinoa für 15 Minuten köcheln, bis er das Wasser aufgenommen hat und fluffig ist.

4. Füge das Hähnchen wieder zur Gemüsepfanne hinzu. Gib dann den gekochten Quinoa, die Sojasauce und den Paprika dazu. Würze mit Salz und Pfeffer und mische alles gut durch.

5. Lass die Pfanne noch 2-3 Minuten auf dem Herd, damit alle Aromen zusammenkommen. Deine Quinoa-Pfanne ist nun fertig!

Gefüllte Zucchini mit Hähnchen

Zubereitungszeit: 35 Minuten
Portionen: 1 Person

Zutaten:

- 1 Zucchini, längs halbiert
- 150 g Hähnchenbrust, in kleine Würfel geschnitten
- 50 g Mozzarella, fein gewürfelt
- 2 EL natives Olivenöl extra
- 1 kleine Zwiebel, fein gehackt
- 2 Knoblauchzehen, fein gehackt
- 1 TL Oregano, getrocknet
- Salz und Pfeffer nach Geschmack
- 1 EL frischer Basilikum, fein gehackt

Zubereitung:

1. Heize deinen Ofen auf 180 Grad vor.

2. Nimm die halbierte Zucchini und höhle sie mit einem Löffel aus, um eine „Schale" zu schaffen. Bewahre das ausgehöhlte Fleisch auf.

3. Erhitze in einer Pfanne 1 EL Olivenöl und brate die Hähnchenbrustwürfel darin an, bis sie durchgebraten sind. Nimm sie heraus und stelle sie beiseite.

4. Gib die gehackte Zwiebel und den Knoblauch in die Pfanne und brate sie, bis sie weich sind. Füge das aufbewahrte Zucchini-Fleisch, Oregano, Salz und Pfeffer hinzu und koche alles zusammen, bis das Zucchini-Fleisch weich ist.

5. Nimm die Pfanne vom Herd, füge die Hähnchenbrustwürfel und den gewürfelten Mozzarella hinzu und vermische alles gut.

6. Fülle die ausgehöhlten Zucchini-Hälften mit der Mischung und drücke sie leicht fest.

7. Lege die gefüllten Zucchini-Hälften auf ein Backblech, beträufle sie mit dem restlichen Olivenöl und backe sie für 15-20 Minuten im Ofen, bis sie goldbraun sind.

8. Garniere die gefüllten Zucchini mit dem gehackten Basilikum und serviere sie warm.

Low-Carb Pizza mit Thunfisch-Boden

Zubereitungszeit: 30 Minuten
Portionen: 1 Pizza

Zutaten:

- 150 g Thunfisch (in eigenem Saft, abgetropft)
- 1 Bio-Ei
- 30 g Käse (gerieben, z.B. Mozzarella)
- 2 EL Tomatensoße
- 30 g Paprika, gewürfelt
- 30 g Champignons, in Scheiben
- 20 g Zwiebel, in Ringe geschnitten
- Salz und Pfeffer nach Belieben
- 5 g Oregano, getrocknet

Zubereitung:

1. Heize den Ofen auf 200 Grad vor.

2. Vermische in einer Schüssel den abgetropften Thunfisch mit dem Ei und dem geriebenen Käse.

3. Würze die Mischung mit Salz und Pfeffer und forme einen runden Pizzaboden auf einem mit Backpapier ausgelegten Backblech.

4. Backe den Pizzaboden etwa 10 Minuten im vorgeheizten Ofen, bis er fest wird.

5. Ziehe den Pizzaboden aus dem Ofen und verteile die Tomatensoße gleichmäßig darauf. Lege dann die Paprika, Champignons und Zwiebelringe auf die Pizza und bestreue sie mit Oregano.

6. Gib die Pizza erneut für etwa 10 Minuten in den Ofen, bis der Belag heiß und der Käse geschmolzen ist.

7. Lass die Pizza ein wenig abkühlen, bevor du sie servierst. Guten Appetit!

Zucchini-Spaghetti mit Garnelen

Zubereitungszeit: 25 Minuten
Portionen: 1 Person

Zutaten:

- 1 große Zucchini, gewaschen und in Spiralen geschnitten
- 150 g Garnelen, geschält und entdarmt
- 1 EL natives Olivenöl extra
- 1/2 Bio-Zitrone, ausgepresst
- 1 Knoblauchzehe, fein gehackt
- Eine Prise Salz
- Eine Prise Pfeffer
- 2 EL frischer Basilikum, fein gehackt
- 1 EL Parmesan, frisch gerieben

Zubereitung:

1. Erhitze das Olivenöl in einer großen Pfanne bei mittlerer Hitze. Gib den Knoblauch hinein und dünste ihn, bis er anfängt, seinen Duft freizusetzen.

2. Füge nun die Garnelen hinzu und brate sie, bis sie rosa sind. Das sollte etwa 3-4 Minuten dauern. Achte darauf, dass du sie nicht zu lange brätst, sonst werden sie hart.

3. Jetzt kommen die Zucchini-Spaghetti in die Pfanne. Lasse alles zusammen Weitere 3-4 Minuten kochen, damit die Zucchini etwas weicher werden, aber noch Biss haben.

4. Gib den Zitronensaft über die Mischung in der Pfanne und würze das Ganze mit Salz und Pfeffer.

5. Rühre den frischen Basilikum unter und lasse alles noch ein letztes Mal aufkochen.

6. Serviere die Zucchini-Spaghetti mit den Garnelen in einer tiefen Schüssel und streue den frisch geriebenen Parmesan darüber.

Gebratene Forelle mit Knoblauch und Petersilie

Zubereitungszeit: 25 Minuten
Portionen: 1 Person

Zutaten:

- 1 frische Forelle (ca. 300 g), entgrätet
- 2 EL natives Olivenöl extra
- 1 Knoblauchzehe, fein gehackt
- 2 EL frische Petersilie, fein gehackt
- Salz und Pfeffer nach Geschmack
- 1 Bio-Zitrone, in Scheiben geschnitten

Zubereitung:

1. Die Forelle innen und außen unter kaltem Wasser abspülen, dann trocken tupfen.
2. Die Forelle innen und außen mit Salz und Pfeffer würzen.
3. Eine große Pfanne bei mittlerer Hitze erwärmen und das Olivenöl hinzufügen.
4. Wenn das Öl heiß ist, die Forelle hinzufügen und auf jeder Seite etwa 5-7 Minuten braten, bis sie goldbraun und knusprig ist.
5. Die gehackte Knoblauchzehe in die Pfanne geben und 1 Minute lang mitbraten.
6. Anschließend die Petersilie in die Pfanne geben und alles gut vermischen.
7. Die Forelle auf einen Teller legen und mit dem gebratenen Knoblauch und der Petersilie bestreuen.
8. Ein paar Zitronenscheiben auf der Forelle anrichten. Guten Appetit!

Hähnchen-Gemüse-Pfanne mit Curry

Zubereitungszeit: 30 Minuten
Portionen: 1 Person

Zutaten:

- 150 g Hähnchenbrust, in dünne Streifen geschnitten
- 1 mittelgroße Zucchini, in Halbmonde geschnitten
- 1 mittelgroße Karotte, in dünne Scheiben geschnitten
- 1 kleine rote Paprika, entkernt und in Streifen geschnitten
- 2 Frühlingszwiebeln, in Ringe geschnitten
- 2 EL natives Olivenöl extra
- 1 EL Currypulver
- Salz und Pfeffer nach Geschmack
- 1 EL frischer Koriander, gehackt

Zubereitung:

1. Erhitze das Olivenöl in einer Pfanne auf mittlerer Hitze. Gib das Hähnchen hinzu und brate es an, bis es rundum goldbraun ist. Nimm das Hähnchen aus der Pfanne und stelle es zur Seite.

2. In derselben Pfanne füge die Zucchini, Karotte und Paprika hinzu. Brate das Gemüse für etwa 5 Minuten an, bis es weich, aber immer noch knackig ist.

3. Füge die Frühlingszwiebeln und das Currypulver hinzu. Rühre alles gut um, damit das Gemüse mit dem Currypulver bedeckt ist.

4. Gib das angebratene Hähnchen zurück in die Pfanne und mische es mit dem Gemüse. Würze mit Salz und Pfeffer nach Geschmack.

5. Lass das Ganze für weitere 5 Minuten köcheln, damit die Aromen sich gut verbinden können.

6. Bestreue deine Hähnchen-Gemüse-Pfanne vor dem Servieren mit dem frisch gehackten Koriander.

Gefüllte Paprika mit Hackfleisch und Quinoa

Zubereitungszeit: 40 Minuten
Portionen: 1 Person

Zutaten:

- 1 große rote Paprika, gewaschen und halbiert
- 75 g Rinderhackfleisch, mager
- 30 g Quinoa, gründlich gespült
- 1 kleine rote Zwiebel und 1 Knoblauchzehe, beides fein gehackt
- 1 EL natives Olivenöl extra
- 50 g Tomaten, gewürfelt
- 1 TL frischer Thymian, fein gehackt
- 1 EL frischer Basilikum, fein gehackt
- Salz und Pfeffer nach Geschmack
- 20 g geriebener Parmesan

Zubereitung:

1. Du beginnst damit, deinen Ofen auf 180 Grad vorzuheizen.

2. In der Zwischenzeit kochst du den Quinoa nach den Anweisungen auf der Verpackung. Quinoa ist fertig, wenn er weich ist und eine kleine weiße Spirale hat.

3. Nun nimmst du eine Pfanne und erhitzt das Olivenöl auf mittlerer Stufe. Die Zwiebel und den Knoblauch gibst du dazu und dünstest sie, bis sie weich und leicht gebräunt sind.

4. Das Hackfleisch fügst du hinzu und brätst es an, bis es durchgebraten ist. Vergiss nicht, dabei gelegentlich umzurühren.

5. Nun kommen die gewürfelten Tomaten, Thymian, Basilikum sowie Salz und Pfeffer dazu. Das Ganze lässt du etwa 5 Minuten köcheln.

6. Der gekochte Quinoa wird nun unter das Hackfleischgemisch gehoben.

7. Jetzt kommt die vorbereitete Paprikahälfte ins Spiel: Fülle sie mit der Hackfleisch-Quinoa-Mischung und bestreue sie mit dem geriebenen Parmesan.

8. Die gefüllte Paprika gibst du in eine kleine Auflaufform und schiebst sie für etwa 20 Minuten in den Ofen, bis der Käse schön geschmolzen und leicht gebräunt ist.

Lachsfilet auf Spinatbett

Zubereitungszeit: 30 Minuten
Portionen: 1 Person

Zutaten:

- 1 frisches Lachsfilet (etwa 150 g)
- 200 g frischer Blattspinat
- 1 EL natives Olivenöl extra
- 2 Knoblauchzehen, fein gehackt
- 1 kleine rote Chilischote, entkernt und fein gehackt
- 50 ml trockener Weißwein
- 1 EL Bio-Zitronensaft
- Salz und Pfeffer nach Geschmack
- 1 EL frisch gehackter Dill
- 1 TL abgeriebene Bio-Zitronenschale

Zubereitung:

1. Erhitze das Olivenöl in einer großen Pfanne bei mittlerer Hitze. Gib den Knoblauch und die Chilischote hinzu und brate sie ein paar Minuten an, bis sie duften.

2. Füge den Spinat hinzu und dünste ihn, bis er zusammenfällt. Gieße den Weißwein dazu und lasse ihn ein paar Minuten einkochen, bis die Flüssigkeit fast vollständig verdampft ist.

3. Schmecke den Spinat mit Salz, Pfeffer und Zitronensaft ab. Nimm die Pfanne vom Herd und stelle sie beiseite.

4. Würze das Lachsfilet mit Salz und Pfeffer. Erhitze eine zweite Pfanne bei mittlerer Hitze und brate das Lachsfilet auf beiden Seiten an, bis es gar ist (etwa 3-4 Minuten pro Seite).

5. Serviere das Lachsfilet auf dem Spinatbett und garniere es mit dem frisch gehackten Dill und der abgeriebenen Zitronenschale.

Beilagen

Ofen-Kartoffeln

Zubereitungszeit: 40 Minuten
Portionen: 1 Person

Zutaten:

- 3 mittelgroße Kartoffeln, gewaschen und in Spalten geschnitten
- 2 EL natives Olivenöl extra
- 2 Zweige frischen Rosmarin, gewaschen und gehackt
- Salz und schwarzen Pfeffer nach Geschmack
- 1 TL Knoblauchpulver

Zubereitung:

1. Heize den Ofen auf 200 Grad vor.
2. Nimm die Kartoffelspalten und verteile sie auf einem mit Backpapier belegten Backblech.
3. Träufle das Olivenöl über die Kartoffelspalten. Verteile den gehackten Rosmarin und streue das Knoblauchpulver darüber. Mit Salz und Pfeffer abschmecken.
4. Mische alles gut durch, sodass jede Kartoffelspalte mit Olivenöl und Gewürzen bedeckt ist.
5. Schiebe das Backblech in den vorgeheizten Ofen und backe die Kartoffeln für etwa 30 Minuten oder bis sie goldbraun und knusprig sind.
6. Prüfe zwischendurch, ob sie gar sind, indem du mit einer Gabel hineinstichst.
7. Nimm das Backblech aus dem Ofen und lasse die Kartoffeln ein paar Minuten abkühlen, bevor du sie servierst.

Gebratener Spargel mit Knoblauch und Zitrone

Zubereitungszeit: 20 Minuten
Portionen: 1 Person

Zutaten:

- 5 Stangen grüner Spargel, frisch und gewaschen
- 2 EL natives Olivenöl extra
- 1 Knoblauchzehe, gehackt
- Saft und Abrieb von einer halben Bio-Zitrone
- Salz und Pfeffer zum Abschmecken
- 1 EL frische Petersilie, fein gehackt

Zubereitung:

1. Heize eine Pfanne mit dem Olivenöl über mittlerer Hitze.

2. Füge den gehackten Knoblauch hinzu und lass ihn 1 Minute lang anbraten, bis er duftet.

3. Nun gib den Spargel in die Pfanne. Brate ihn für 5-7 Minuten an, bis er etwas weich und leicht gebräunt ist. Wende den Spargel gelegentlich, um sicherzustellen, dass er gleichmäßig gebraten wird.

4. Drücke den Zitronensaft über dem Spargel aus und streue den Zitronenabrieb darüber. Würze mit Salz und Pfeffer.

5. Lass den Spargel noch 2 Minuten in der Pfanne, damit er die Zitrusaromen aufnehmen kann.

6. Zum Servieren bestreue den Spargel mit der frisch gehackten Petersilie.

Süßkartoffel-Pommes aus dem Ofen

Zubereitungszeit: 35 Minuten
Portionen: 1 Person

Zutaten:

- 1 mittelgroße Süßkartoffel (geschält und in Stifte geschnitten)
- 1 EL natives Olivenöl extra
- 1 TL Paprikapulver, edelsüß
- 1 TL Salz
- 1/2 TL schwarzer Pfeffer
- 1 EL frische Petersilie, fein gehackt
- 1 EL Parmesan, gerieben

Zubereitung:

1. Den Backofen auf 200 Grad vorheizen. Ein Backblech mit Backpapier auslegen.

2. Die Süßkartoffelstifte in eine Schüssel geben, Olivenöl, Paprikapulver, Salz und Pfeffer hinzufügen. Alles gut durchmischen, damit die Süßkartoffelstifte gleichmäßig gewürzt sind.

3. Die gewürzten Süßkartoffelstifte auf dem Backblech verteilen, darauf achten, dass sie nicht übereinander liegen.

4. Die Süßkartoffel-Pommes in den vorgeheizten Backofen schieben und für etwa 25 Minuten backen, bis sie knusprig sind. Eventuell einmal wenden, um sicherzustellen, dass sie gleichmäßig gebacken werden.

5. Die knusprigen Süßkartoffel-Pommes aus dem Ofen nehmen und mit frisch gehackter Petersilie und geriebenem Parmesan bestreuen.

Gebackener Blumenkohl

Zubereitungszeit: 40 Minuten
Portionen: 1 Person

Zutaten:

- 1 kleiner Blumenkohl (gewaschen und in Röschen geteilt)
- 2 EL natives Olivenöl extra
- 1 TL Kurkuma, gemahlen
- Salz und Pfeffer nach Geschmack
- 1 TL Paprika, edelsüß
- 1 kleine Bio-Zitrone, nur der Saft
- 1 EL frischer Koriander, gehackt

Zubereitung:

1. Heize den Ofen auf 200 Grad vor.

2. Nimm den Blumenkohl und verteile die Röschen gleichmäßig auf einem Backblech.

3. Mische in einer kleinen Schüssel das Olivenöl, den Kurkuma, Salz, Pfeffer und Paprika. Gib die Mischung über den Blumenkohl.

4. Sorge dafür, dass alle Röschen gut mit der Gewürzmischung bedeckt sind. Am besten verwendest du dafür deine Hände.

5. Lass den Blumenkohl für etwa 25-30 Minuten backen, oder bis er goldbraun und knusprig ist.

6. Wenn der Blumenkohl fertig ist, beträufle ihn mit dem Zitronensaft und streue den frischen Koriander darüber.

Ofen-Gemüse mit frischen Kräutern

Zubereitungszeit: 40 Minuten
Portionen: 1 Person

Zutaten:

- 200 g Süßkartoffel, gewürfelt
- 100 g Zucchini, in Scheiben geschnitten
- 100 g rote Paprika, in Streifen geschnitten
- 1 EL natives Olivenöl extra
- 1 TL Salz
- 1/2 TL schwarzer Pfeffer
- 2 EL frischer Rosmarin, fein gehackt
- 1 EL frischer Thymian, fein gehackt

Zubereitung:

1. Heize den Ofen auf 200 Grad vor. Währenddessen bereite das Gemüse vor: Schäle und würfele die Süßkartoffel, schneide die Zucchini in Scheiben und die Paprika in Streifen.

2. Gib das vorbereitete Gemüse in eine Schüssel und vermische es mit Olivenöl, Salz und Pfeffer.

3. Verteile das Gemüse gleichmäßig auf einem Backblech und streue die frischen Kräuter darüber.

4. Backe das Gemüse für 25-30 Minuten im Ofen, bis es weich und leicht gebräunt ist. Wende das Gemüse nach 15 Minuten mit einem Spatel, um eine gleichmäßige Garung zu gewährleisten.

Quinoa mit Gemüse und Sojasauce

Zubereitungszeit: 25 Minuten
Portionen: 1 Person

Zutaten:

- 60 g Quinoa, gewaschen und abgetropft
- 200 ml Wasser
- 1 EL Sojasauce
- 1 mittelgroße Karotte, gewaschen, geschält und in dünne Scheiben geschnitten
- 1 kleine rote Paprika, gewaschen und in dünne Streifen geschnitten
- 1 kleiner Zucchini, gewaschen und in Halbmonde geschnitten
- 1 kleine rote Zwiebel, geschält und in dünne Ringe geschnitten
- 2 EL natives Olivenöl extra
- 1/2 TL Chiliflocken
- Salz und Pfeffer nach Geschmack

Zubereitung:

1. Setze Wasser auf und bringe es zum Kochen. Füge das Quinoa hinzu und lasse es etwa 15 Minuten auf niedriger Hitze köcheln, bis es weich und das Wasser absorbiert ist.

2. Während das Quinoa kocht, erhitze das Olivenöl in einer Pfanne. Füge die Zwiebel hinzu und brate sie an, bis sie weich und leicht golden ist.

3. Füge die Karotte, die Paprika und den Zucchini zur Pfanne hinzu. Brate das Gemüse unter regelmäßigem Rühren an, bis es knusprig und bunt ist.

4. Gib die Chiliflocken, Salz und Pfeffer hinzu und rühre gut um.

5. Sobald das Quinoa fertig ist, mische es unter das Gemüse in der Pfanne und füge die Sojasauce hinzu. Rühre alles gut um, sodass das Quinoa und das Gemüse mit der Sojasauce überzogen sind.

6. Lass alles noch einmal 2-3 Minuten auf der Hitze, damit die Aromen sich verbinden können. Dann kannst du es vom Herd nehmen und servieren.

Pommes mit Kräutern

Zubereitungszeit: 40 Minuten
Portionen: 1 Person

Zutaten:

- 2 mittelgroße Kartoffeln, gewaschen und ungeschält
- 2 EL natives Olivenöl extra
- 1 TL getrockneter Rosmarin
- 1 TL getrockneter Thymian
- 1/2 TL Salz
- 1/4 TL schwarzer Pfeffer

Zubereitung:

1. Heize den Ofen auf 200 Grad vor und lege ein Backblech mit Backpapier aus.

2. Schneide die Kartoffeln längs in Streifen, etwa 1 cm dick.

3. Verteile die Kartoffelstreifen auf dem Backblech, achte darauf, dass sie nicht übereinander liegen.

4. Träufle das Olivenöl gleichmäßig über die Kartoffelstreifen.

5. Streue den Rosmarin, Thymian, Salz und Pfeffer über die Kartoffelstreifen.

6. Mit den Händen mische die Kartoffelstreifen, so dass sie gleichmäßig mit dem Olivenöl und den Kräutern bedeckt sind.

7. Backe die Kartoffelstreifen für 20 Minuten im Ofen, wende sie dann um und backe sie weitere 10-15 Minuten, bis sie goldbraun und knusprig sind.

8. Nimm die Pommes aus dem Ofen und lass sie kurz abkühlen, bevor du sie servierst. Guten Appetit!

Kürbis aus dem Ofen mit Thymian

Zubereitungszeit: 45 Minuten
Portionen: 1 Person

Zutaten:

- 250 g Butternusskürbis, geschält und in 2 cm Würfel geschnitten
- 1 EL natives Olivenöl extra
- 1/2 TL Salz
- 1/2 TL schwarzer Pfeffer
- 2 Zweige frischer Thymian, Blätter abgezupft
- 1 Knoblauchzehe, fein gehackt
- 1 EL Bio-Zitronensaft

Zubereitung:

1. Heize deinen Ofen auf 200 Grad vor.

2. In einer Schüssel mischst du den Kürbis mit Olivenöl, Salz und Pfeffer.

3. Verteile die Kürbiswürfel auf einem mit Backpapier belegten Backblech. Streue die Thymianblätter und den gehackten Knoblauch darüber.

4. Gib das Blech in den Ofen und backe den Kürbis für etwa 30 Minuten, bis er weich und goldbraun ist.

5. Nimm den Kürbis aus dem Ofen und beträufle ihn mit Zitronensaft.

6. Serviere deinen Kürbis direkt aus dem Ofen oder lass ihn auf Raumtemperatur abkühlen.

Gebackener Rosenkohl mit Speck

Zubereitungszeit: 30 Minuten
Portionen: 1 Person

Zutaten:

- 150 g Rosenkohl, geputzt und halbiert
- 2 Scheiben Speck, in Stücke geschnitten
- 1 EL natives Olivenöl extra
- 1/2 TL Salz
- 1/4 TL frisch gemahlener schwarzer Pfeffer
- 1/2 TL Chiliflocken (optional)
- 1 EL Bio-Zitronensaft
- 1 EL frisch gehackte Petersilie

Zubereitung:

1. Heize deinen Backofen auf 200 Grad vor.

2. Verteile den Rosenkohl und den Speck auf einem Backblech. Träufle das Olivenöl darüber und streue Salz, Pfeffer und optional Chiliflocken darauf.

3. Schiebe das Backblech in den Ofen und lass alles für etwa 20 Minuten backen, bis der Rosenkohl weich und der Speck knusprig ist.

4. Nimm das Blech aus dem Ofen und beträufle den Rosenkohl und den Speck mit Zitronensaft. Bestreue alles mit der frisch gehackten Petersilie. Fertig ist deine köstliche Beilage!

Ofenrösti aus Karotten und Kartoffeln

Zubereitungszeit: 30 Minuten
Portionen: 1 Person

Zutaten:

- 150 g Kartoffeln, geschält und grob gerieben
- 100 g Karotten, geschält und grob gerieben
- 2 EL natives Olivenöl extra
- 1 kleine Zwiebel, fein gehackt
- 1 TL Thymian, frisch oder getrocknet
- 1/2 TL Salz
- 1/4 TL Pfeffer, frisch gemahlen
- 1 EL Petersilie, frisch gehackt

Zubereitung:

1. Den Ofen auf 200 Grad vorheizen. Ein Backblech mit Backpapier auslegen und zur Seite stellen.

2. In einer großen Schüssel die geriebenen Kartoffeln und Karotten vermengen. Die Zwiebel, Thymian, Salz und Pfeffer hinzufügen und gut durchmischen.

3. Die Kartoffel-Karotten-Mischung auf das vorbereitete Backblech geben und zu einer gleichmäßigen Schicht formen.

4. Das Olivenöl gleichmäßig über der Mischung verteilen.

5. Im Ofen 20-25 Minuten backen, bis die Ränder goldbraun und knusprig sind. Während des Backens einmal wenden, damit der Rösti gleichmäßig gebacken wird.

6. Den Ofenrösti aus dem Ofen nehmen und kurz abkühlen lassen. Vor dem Servieren mit frisch gehackter Petersilie bestreuen.

Snacks und kleine Mahlzeiten

Gemüsesticks mit Avocado-Hummus

Zubereitungszeit: 15 Minuten
Portionen: 1 Person

Zutaten:

- **Für die Gemüsesticks:**
- 1 mittelgroße Karotte, geschält und in Sticks geschnitten
- 1 kleiner roter Paprika, entkernt und in Sticks geschnitten
- 1 kleiner grüner Paprika, entkernt und in Sticks geschnitten
- 1 kleiner Salatgurke, ungeschält und in Sticks geschnitten

- **Für den Avocado-Hummus:**
- 1 reife Avocado, entkernt und das Fleisch herausgelöffelt
- 100 g gekochte Kichererbsen, abgetropft
- Saft von 1/2 Bio-Zitrone
- 1 EL natives Olivenöl extra
- 1 kleine Knoblauchzehe, geschält und fein gehackt
- Salz und Pfeffer nach Geschmack

Zubereitung:

1. Lege zuerst alle vorbereiteten Gemüsesticks auf einen Teller. Jetzt widmen wir uns dem leckeren Avocado-Hummus.

2. Nimm eine Schüssel und füge die Avocado, Kichererbsen, Zitronensaft, Olivenöl und Knoblauch hinzu. Benutze einen Stabmixer oder eine Gabel und vermenge alles gut, bis eine cremige Konsistenz entsteht.

3. Schmecke den Hummus mit Salz und Pfeffer ab. Du kannst auch mehr Zitronensaft oder Olivenöl hinzufügen, um den Geschmack nach deinen Vorlieben anzupassen.

4. Sobald dein Avocado-Hummus perfekt abgeschmeckt ist, serviere ihn in einer kleinen Schale neben den Gemüsesticks. Guten Appetit!

Gefüllte Pilze mit Frischkäse

Zubereitungszeit: 25 Minuten
Portionen: 1 Person

Zutaten:

- 5 mittelgroße Champignons, frisch und gesäubert
- 75 g Frischkäse, Natur
- 1 kleine Frühlingszwiebel, gewaschen und in dünne Ringe geschnitten
- 1 TL Petersilie, frisch gehackt
- 1 Prise Salz
- 1 Prise Pfeffer
- 1 TL natives Olivenöl extra

Zubereitung:

1. Heize deinen Backofen auf 180 Grad vor.

2. Trenne die Stiele der Champignons von den Köpfen. Hacke die Stiele klein.

3. Erhitze in einer kleinen Pfanne das Olivenöl und gib die gehackten Champignonstiele und die Frühlingszwiebelringe dazu. Brate sie für etwa 5 Minuten, bis sie weich sind.

4. Nimm die Pfanne vom Herd und füge den Frischkäse, Petersilie, Salz und Pfeffer hinzu. Vermische alles gut miteinander.

5. Befülle die Champignonköpfe mit der Frischkäse-Mischung und lege sie auf ein mit Backpapier ausgelegtes Backblech.

6. Backe die Pilze im vorgeheizten Ofen für etwa 15 Minuten, bis der Käse leicht geschmolzen und goldbraun ist.

7. Lass die gefüllten Pilze kurz abkühlen, bevor du sie servierst.

Gurkenröllchen

Zubereitungszeit: 10 Minuten
Portionen: 1 Person

Zutaten:

- 1 große Gurke, längs mit einem Sparschäler in dünne Streifen geschnitten
- 100 g magerer Schinken, in dünne Scheiben geschnitten
- 50 g Frischkäse, Natur
- 1 EL frische Petersilie, fein gehackt
- 1 EL frischer Dill, fein gehackt
- Frisch gemahlener schwarzer Pfeffer nach Geschmack
- 1 TL natives Olivenöl extra

Zubereitung:

1. Bestreiche zuerst eine Seite der Gurkenstreifen sorgfältig mit dem Frischkäse.

2. Lege danach auf jede Streife eine dünne Schinkenscheibe.

3. Streue über den Schinken die gehackte Petersilie und den Dill.

4. Nun rollst du die Streifen von einem Ende zum anderen auf und sicherst sie mit einem Zahnstocher.

5. Bevor du sie servierst, beträufle die Röllchen mit einem Hauch von Olivenöl und gib etwas frisch gemahlenen schwarzen Pfeffer darüber.

6. Serviere die Gurkenröllchen gekühlt - eine erfrischende Snackidee für zwischendurch oder eine leichte Vorspeise.

Karotten-Chips aus dem Ofen

Zubereitungszeit: 30 Minuten
Portionen: 1 Person

Zutaten:

- 2 große Karotten, gewaschen und in dünne Scheiben geschnitten
- 1 EL natives Olivenöl extra
- 1 TL grobes Meersalz
- 1/2 TL Pfeffer, frisch gemahlen
- 1 TL getrockneter Rosmarin

Zubereitung:

1. Heize den Ofen auf 200 Grad vor.

2. Lege ein Backblech mit Backpapier aus.

3. Gib die Karottenscheiben in eine Schüssel und füge das Olivenöl hinzu. Vermische alles gut, damit jede Scheibe mit Öl bedeckt ist.

4. Verteile die Karottenscheiben gleichmäßig auf dem Backblech, sodass sie sich nicht überlappen.

5. Bestreue die Karottenscheiben mit Salz, Pfeffer und getrocknetem Rosmarin.

6. Backe die Karottenscheiben für etwa 20 Minuten im Ofen, bis sie knusprig und goldbraun sind. Achte darauf, sie nicht zu verbrennen.

7. Lass die Chips ein paar Minuten abkühlen, bevor du sie genießt.

Gefüllte Eier

Zubereitungszeit: 15 Minuten
Portionen: 1 Person

Zutaten:

- 2 Bio-Eier, hart gekocht und geschält
- 1 reife Avocado, halbiert und entsteint
- 50 g Speck, gewürfelt
- 1 EL griechischer Joghurt, Natur
- 1 TL Senf
- Salz und Pfeffer nach Geschmack
- 1 EL fein gehackte Frühlingszwiebeln, zum Garnieren

Zubereitung:

1. Koche die Eier hart, schäle sie und halbiere sie. Nimm das Eigelb heraus und leg es beiseite.

2. Brate den Speck in einer Pfanne, bis er knusprig ist, und leg ihn beiseite auf Küchenpapier, um das überschüssige Fett aufzusaugen.

3. Nimm eine Schüssel und zerdrücke das Avocado-Fruchtfleisch und das beiseitegelegte Eigelb darin zu einer glatten Masse.

4. Gib den Joghurt und den Senf hinzu und würze mit Salz und Pfeffer. Rühre die Mischung gut um, bis alles gut vermischt ist.

5. Jetzt nimm einen Löffel und fülle jede Eierhälfte mit der Avocado-Masse.

6. Streue den knusprig gebratenen Speck und die fein gehackten Frühlingszwiebeln über die gefüllten Eier. Fertig ist dein leckerer Snack!

Knusprige Kichererbsen aus dem Ofen

Zubereitungszeit: 35 Minuten
Portionen: 1 Person

Zutaten:

- 150 g Kichererbsen (über Nacht eingeweicht und ab-getropft)
- 1 EL natives Olivenöl extra
- 1/2 TL Salz
- 1/2 TL Paprikapulver, edel-süß
- 1/4 TL schwarzer Pfeffer
- Eine Prise Cayennepfeffer

Zubereitung:

1. Heize zuerst deinen Ofen auf 200 Grad vor.

2. Nachdem die Kichererbsen über Nacht eingeweicht wurden, musst du sie gründlich abspülen und trocknen. Es ist wichtig, dass sie so tro-cken wie möglich sind, um ein knuspriges Endergebnis zu erzielen.

3. Verteile die getrockneten Kichererbsen auf einem mit Backpapier aus-gelegten Backblech.

4. Träufle das Olivenöl gleichmäßig über die Kichererbsen und würze sie mit Salz, Paprikapulver, schwarzem Pfeffer und einer Prise Cayenne-pfeffer. Verwende deine Hände, um sicherzustellen, dass jede Kicher-erbse gut mit Öl und Gewürzen bedeckt ist.

5. Stelle das Backblech in den vorgeheizten Ofen und backe die Kicher-erbsen für etwa 25 Minuten, oder bis sie knusprig und goldbraun sind. Wende sie nach 15 Minuten mit einem Spatel, damit sie gleichmäßig garen.

6. Nimm das Backblech aus dem Ofen und lass die Kichererbsen ein paar Minuten abkühlen, bevor du sie genießt. Sie werden noch knuspriger, wenn sie abkühlen.

Zucchinipuffer mit Joghurtdip

Zubereitungszeit: 30 Minuten
Portionen: ca. 6 Puffer

Zutaten:

- **Für die Zucchinipuffer:**
- 1 große Zucchini, gewaschen und grob gerieben
- 40 g Vollkornmehl
- 1 Bio-Ei (geschlagen)
- 1/2 TL Salz
- 1/4 TL schwarzer Pfeffer
- 1/4 TL Paprika
- 1 EL natives Olivenöl extra
- **Für den Joghurtdip:**
- 100 g Naturjoghurt
- 1 TL Dill, gehackt
- 1 TL Petersilie, gehackt
- Salz und Pfeffer zum Abschmecken

Zubereitung:

1. Beginne mit der Zubereitung der Zucchinipuffer. Mische in einer Schüssel die geriebene Zucchini, das Vollkornmehl, das geschlagene Ei, Salz, Pfeffer und Paprika zusammen. Die Mischung sollte eine konsistente Masse bilden.

2. Erhitze das Olivenöl in einer Pfanne bei mittlerer Hitze. Nimm einen gehäuften EL der Zucchinimasse, forme einen kleinen Puffer und platziere ihn in der Pfanne.

3. Lass die Puffer jeweils ca. 3-4 Minuten von jeder Seite braten, bis sie goldbraun sind. Wiederhole den Vorgang mit der restlichen Masse. Du solltest etwa 6 Puffer erhalten.

4. Während die Puffer braten, bereite den Joghurtdip vor. Vermische den Naturjoghurt mit Dill und Petersilie in einer kleinen Schüssel. Schmecke mit Salz und Pfeffer ab.

5. Serviere die Zucchinipuffer heiß mit dem frischen Joghurtdip. Guten Appetit!

Paprika-Gemüsespieße

Zubereitungszeit: 25 Minuten
Portionen: 5 Spieße

Zutaten:

- 1 mittelgroße rote Paprika, gewaschen und in große Würfel geschnitten
- 1 mittelgroße gelbe Paprika, gewaschen und in große Würfel geschnitten
- 1 kleine Zucchini, gewaschen und in dicke Scheiben geschnitten
- 1 rote Zwiebel, geschält und in Spalten geschnitten
- 5 Champignons, gewaschen und Stiele entfernt
- 1 EL natives Olivenöl extra
- 1/2 TL Meersalz
- 1/2 TL frisch gemahlener schwarzer Pfeffer
- 1 TL getrockneter Oregano
- 5 Holzspieße, eingeweicht

Zubereitung:

1. Du heizt deinen Grill oder eine Grillpfanne auf mittlere Hitze vor.

2. In der Zwischenzeit nimmst du die vorbereiteten Gemüse und arrangierst du diese abwechselnd auf die eingeweichten Holzspieße.

3. In einer kleinen Schüssel vermischst du Olivenöl, Salz, Pfeffer und Oregano.

4. Bürste die Gemüsespieße gründlich mit der Ölmischung ein.

5. Nun legst du die Spieße vorsichtig auf den vorgeheizten Grill und grillst sie für etwa 10 Minuten, wobei du sie gelegentlich drehst, bis sie rundum gut gebräunt sind und das Gemüse gerade zart ist.

6. Nimm die Spieße vom Grill und serviere sie warm. Viel Spaß beim Genießen!

Auberginen-Pizza-Bites

Zubereitungszeit: 30 Minuten
Portionen: 1 Person

Zutaten:

- 1 mittelgroße Aubergine, in 1 cm dicke Scheiben geschnitten
- 100 g Pizzasauce
- 50 g Mozzarella, gerieben
- 10 g frisches Basilikum, gehackt
- 1 EL natives Olivenöl extra
- Salz und Pfeffer nach Geschmack
- 1 TL Oregano, getrocknet

Zubereitung:

1. Heize deinen Backofen auf 200 Grad vor.

2. Bestreiche jede Auberginenscheibe auf beiden Seiten leicht mit Olivenöl, salze und pfeffere sie.

3. Lege die Auberginenscheiben auf ein mit Backpapier ausgelegtes Backblech und backe sie etwa 15 Minuten lang, bis sie leicht gebräunt sind.

4. Nimm das Blech aus dem Ofen und gib auf jede Auberginenscheibe etwas Pizzasauce. Streue dann den geriebenen Mozzarella und den Oregano gleichmäßig darüber.

5. Backe die Auberginen-Pizza-Bites weitere 10 Minuten, bis der Käse geschmolzen und leicht gebräunt ist.

6. Lass sie kurz abkühlen und garniere die Bites mit dem frisch gehackten Basilikum.

7. Serviere sie warm. Guten Appetit!

Mini-Pfannkuchen mit Beeren

Zubereitungszeit: 20 Minuten
Portionen: ca. 12 Mini-Pfannkuchen

Zutaten:

- 100 g Dinkelvollkornmehl
- 1 TL Backpulver
- 1 Prise Salz
- 1 Bio-Ei
- 200 ml Mandelmilch, ungesüßt
- 1 EL natives Olivenöl extra
- 100 g gemischte Beeren (Erdbeeren, Blaubeeren, Himbeeren), gewaschen und halbiert
- 1 EL Kokosöl zum Braten
- Ein paar Minzblätter zum Garnieren, gewaschen und grob gehackt

Zubereitung:

1. In einer Schüssel das Dinkelvollkornmehl, Backpulver und Salz miteinander vermischen.

2. Das Ei aufschlagen und zusammen mit der Mandelmilch und dem Olivenöl zur Mehlmischung geben. Alles gut verrühren, bis ein glatter Teig entsteht.

3. Eine Pfanne mit dem Kokosöl erhitzen. Mit einem Esslöffel kleine Teigportionen in die Pfanne geben und die Mini-Pfannkuchen von jeder Seite etwa 2-3 Minuten goldbraun backen.

4. Die fertigen Mini-Pfannkuchen auf einen Teller geben und die frischen Beeren darauf verteilen. Mit den gehackten Minzblättern garnieren und sofort servieren.

Desserts und Süßspeisen

Erdbeermousse mit Joghurt

Zubereitungszeit: 15 Minuten
Portionen: 1 Person

Zutaten:

- 150 g frische Erdbeeren, gewaschen und halbiert
- 1 TL Bio-Zitronensaft
- 1 EL Erythrit (oder ein ande-
rer Zuckerersatz)
- 100 g griechischer Joghurt
- 1 TL Kakaopulver
- Einige Minzblätter, frisch
und gewaschen

Zubereitung:

1. Gib die Erdbeeren in einen Mixer. Füge den Zitronensaft und das Erythrit hinzu.
2. Mixe alles gut durch, bis eine glatte Masse entsteht. Gib nun den griechischen Joghurt hinzu.
3. Mixe die Mischung erneut, bis alles gut miteinander vermischt ist und
eine cremige Konsistenz hat.
4. Gib das Mousse in eine schöne Schale oder ein Glas. Lege es für etwa
10 Minuten in den Kühlschrank, damit das Mousse etwas fester wird.
5. Vor dem Servieren streue das Kakaopulver über das Mousse und garniere es mit ein paar frischen Minzblättern.

Chia-Pudding mit Himbeeren

Zubereitungszeit: 10 Minuten + Übernacht Einweichen
Portionen: 1 Person

Zutaten:

- 2 EL Chia-Samen
- 200 ml Mandelmilch, ungesüßt
- Eine Prise Vanillepulver
- 1 EL Kakaopulver
- 50 g frische Himbeeren, gewaschen
- 10 g Mandeln, geröstet und gehackt
- 1 EL Kokosraspeln

Zubereitung:

1. Gib die Chia-Samen in ein Glas oder eine Schale.

2. Mische die Mandelmilch mit dem Vanillepulver und Kakaopulver. Rühre alles gut um, bis keine Klumpen mehr vorhanden sind.

3. Gieße die Mischung über die Chia-Samen. Rühre gründlich um, damit sich alles gut vermischt.

4. Decke das Glas oder die Schale ab und stelle es über Nacht in den Kühlschrank. Die Chia-Samen quellen auf und es entsteht ein Pudding-ähnlicher Brei.

5. Am nächsten Morgen nimm das Glas aus dem Kühlschrank. Verteile die frischen Himbeeren, die gehackten Mandeln und Kokosraspeln darüber.

Vanillepudding mit Mandelmilch

Zubereitungszeit: 15 Minuten
Portionen: 1 Person

Zutaten:

- 300 ml Mandelmilch, ungesüßt
- 1 EL Vanilleextrakt
- 1 EL Erythrit (oder ein ande-
rer Zuckerersatz)
- 1 TL Agar-Agar-Pulver
- 1 EL gemahlene Mandeln,
zum Garnieren

Zubereitung:

1. Gieß 250 ml Mandelmilch in einen kleinen Topf. Setz den Topf bei mittlerer Hitze auf den Herd.

2. Rühr den Vanilleextrakt und das Erythrit in die Mandelmilch. Lass alles
5 Minuten köcheln, damit sich der Süßstoff vollständig auflöst und die
Vanille ihr Aroma entfalten kann.

3. Streu währenddessen das Agar-Agar-Pulver in die restliche Mandelmilch (50 ml) ein. Rühr gründlich um, bis das Pulver vollständig aufgelöst ist.

4. Gieß die Agar-Agar-Mischung in den Topf mit der Mandelmilch. Lass
alles unter ständigem Rühren weitere 5 Minuten köcheln.

5. Nimm den Topf vom Herd und gieß die Mischung in eine kleine Schüssel oder Puddingform. Lass den Pudding 10 Minuten abkühlen, dann
stell ihn für mindestens 2 Stunden in den Kühlschrank, bis er fest wird.

6. Vor dem Servieren bestreu den Vanillepudding mit den gemahlenen
Mandeln.

Erdbeer-Sorbet

Zubereitungszeit: 10 Minuten
Portionen: 1 Person

Zutaten:

- 200 g frische Erdbeeren, gewaschen und halbiert
- 2 EL frischer Bio-Zitronensaft
- 4 Blätter frische Minze, fein
  gehackt
- 2 EL Erythrit, optional
- 50 ml Wasser

Zubereitung:

1. Lege die vorbereiteten Erdbeeren auf ein Backblech und stelle sie für
   etwa 2 Stunden in den Gefrierschrank, bis sie komplett durchgefroren
   sind.

2. Gib die gefrorenen Erdbeeren in einen leistungsstarken Mixer oder
   eine Küchenmaschine. Füge den frischen Zitronensaft, die fein gehackte Minze und das Erythrit hinzu.

3. Starte den Mixer und füge während des Mixens langsam das Wasser
   hinzu. Mische alles, bis eine glatte und sorbetähnliche Konsistenz erreicht ist. Du musst eventuell zwischendurch die Seiten des Mixers ab-
   kratzen, um sicherzustellen, dass alles gut vermischt ist.

4. Das Sorbet ist jetzt fertig zum Servieren! Wenn du es etwas fester
   möchtest, kannst du es für 1-2 Stunden zurück in den Gefrierschrank
   stellen, bevor du es servierst.

Zimtapfel aus dem Ofen

Zubereitungszeit: 35 Minuten
Portionen: 1 Person

Zutaten:

- 1 großer Apfel (gewaschen, Kerngehäuse entfernt)
- 2 TL Zimtpulver
- 2 EL Mandelblättchen (leicht geröstet)
- 100 ml ungesüßte Mandelmilch
- 1 EL Chia-Samen
- 1 Prise Salz

Zubereitung:

1. Heize den Ofen auf 180 Grad vor.

2. Nachdem du den Apfel gewaschen und das Kerngehäuse entfernt hast, schneide ihn in dünne Scheiben.

3. Lege die Apfelscheiben auf ein mit Backpapier ausgelegtes Backblech und bestreue sie gleichmäßig mit dem Zimtpulver.

4. Backe die Apfelscheiben für etwa 15-20 Minuten, oder bis sie weich sind.

5. Währenddessen röste die Mandelblättchen leicht in einer Pfanne ohne Öl und stelle sie beiseite.

6. In einer Schüssel vermische die Mandelmilch, Chia-Samen und eine Prise Salz. Lass die Mischung für etwa 15 Minuten quellen, bis sie eine gelartige Konsistenz erreicht hat.

7. Sobald die Apfelscheiben fertig gebacken sind, lege sie in eine Schüssel und bedecke sie mit der Chia-Mandelmilch-Mischung.

8. Bestreue das Ganze mit den gerösteten Mandelblättchen.

Mango-Lassi

Zubereitungszeit: 10 Minuten
Portionen: 1 Person

Zutaten:

- 1 reife Mango, geschält und gewürfelt
- 150 ml ungesüßte Mandelmilch
- 200 g Naturjoghurt
- 1 TL Vanilleextrakt
- Eiswürfel, optional
- 1 TL Chiasamen, zur Dekoration

Zubereitung:

1. Du beginnst damit, die Mango zu schälen und in Würfel zu schneiden. Achte darauf, dass du so viel Fruchtfleisch wie möglich erhältst.

2. Gib nun die gewürfelte Mango, die Mandelmilch, den Naturjoghurt und den Vanilleextrakt in einen Mixer.

3. Mixe alles auf hoher Stufe, bis eine glatte, cremige Konsistenz erreicht ist. Falls du dein Lassi gerne etwas kälter magst, kannst du nun noch ein paar Eiswürfel hinzufügen und erneut mixen.

4. Schütte dein Mango-Lassi in ein Glas und bestreue es mit Chiasamen als Dekoration.

Low-Carb Schokoladenmousse

Zubereitungszeit: 20 Minuten
Portionen: 1 Person

Zutaten:

- 50 g dunkle Schokolade (über 70% Kakao)
- 100 ml Kokosmilch, ungesüßt
- 1/2 TL Agavendicksaft
- 1/2 TL Gelatine (in Pulverform)
- 50 ml kaltes Wasser
- 1 Eiweiß
- 1 Prise Salz

Zubereitung:

1. Schmelze die dunkle Schokolade im Wasserbad, sei vorsichtig, dass sie nicht anbrennt. Sobald die Schokolade geschmolzen ist, stelle sie beiseite.

2. Erwärme die Kokosmilch in einem kleinen Topf auf mittlerer Stufe, ohne sie zum Kochen zu bringen.

3. In der Zwischenzeit weiche die Gelatine im kalten Wasser ein. Sobald die Gelatine aufgequollen ist, gib sie zur warmen Kokosmilch und rühre so lange, bis sie vollständig aufgelöst ist.

4. Nun gieße die Kokosmilch-Gelatine-Mischung zur geschmolzenen Schokolade und füge den Agavendicksaft hinzu. Rühre alles gut um, bis es eine gleichmäßige Mischung ergibt.

5. Schlage das Eiweiß mit einer Prise Salz steif. Hebe das geschlagene Eiweiß vorsichtig unter die Schokoladenmischung, bis alles gut vermischt ist.

6. Gieße die Mousse in eine Dessertschale und stelle sie für mindestens 2 Stunden in den Kühlschrank, damit sie fest werden kann.

Bananeneis

Zubereitungszeit: 10 Minuten
Portionen: 1 Person

Zutaten:

- 2 reife Bananen, in Scheiben geschnitten und eingefroren
- 100 ml Mandelmilch, ungesüßt
- 1 TL Vanilleextrakt
- Eine Prise Salz
- Eine Handvoll Mandeln, geröstet und gehackt

Zubereitung:

1. Nimm eine Küchenmaschine oder einen leistungsstarken Mixer. Gib die eingefrorenen Bananenscheiben hinein.

2. Füge die Mandelmilch, den Vanilleextrakt und die Prise Salz hinzu.

3. Mixe alles, bis du eine glatte, cremige Konsistenz hast. Je nach Mixer kann dies einige Minuten dauern. Bleib geduldig und mache Pausen, wenn es nötig ist, um den Motor deines Mixers zu schützen.

4. Wenn dein Bananeneis die richtige Konsistenz hat, gib es in eine Schale.

5. Streue die gerösteten und gehackten Mandeln darüber.

6. Serviere sofort und genieße dein selbstgemachtes Bananeneis!

Avocado-Schokoladenpudding

Zubereitungszeit: 10 Minuten
Portionen: 1 Person

Zutaten:

- 1 reife Avocado, entkernt und geschält
- 2 EL Kakaopulver
- 50 ml ungesüßte Mandel-milch
- 1 TL Stevia
- 1 Prise Meersalz
- 2 EL Kokosraspeln, für die Dekoration
- Einige frische Beeren, für die Dekoration

Zubereitung:

1. Zerdrücke die Avocado mit einer Gabel in einer mittelgroßen Schüssel, bis sie vollständig glatt ist.

2. Füge den Kakaopulver, Stevia und die Prise Meersalz zur zerdrückten Avocado hinzu.

3. Verquirle das Ganze gründlich, bis alle Zutaten gut vermischt sind. Du solltest jetzt eine dicke, schokoladenähnliche Masse haben.

4. Füge nun die Mandelmilch hinzu und verquirle weiter, bis der Pudding die gewünschte Konsistenz erreicht hat.

5. Löffle den Pudding in eine Schale oder ein Glas und streue die Kokos-raspeln obendrauf.

6. Mit frischen Beeren garnieren und sofort servieren, oder im Kühl-schrank aufbewahren und später genießen.

Pfirsich-Sorbet

Zubereitungszeit: 15 Minuten
Portionen: 1 Person

Zutaten:

- 500 g reife Pfirsiche, entkernt und gewürfelt
- 60 ml frisch gepresster Bio-Zitronensaft
- 120 ml Erythrit, nach Belieben
- 1 EL frischer Ingwer, gerieben
- Eine Prise Salz
- Einige Minzblätter, für die Garnierung (optional)

Zubereitung:

1. Nimm die Pfirsiche und würfle sie. Lege sie dann in den Gefrierschrank und lass sie mindestens 4 Stunden oder besser über Nacht gefrieren.

2. Gib die gefrorenen Pfirsichwürfel zusammen mit dem frisch gepressten Zitronensaft, dem Erythrit, dem geriebenen Ingwer und einer Prise Salz in einen Mixer.

3. Mixe die Zutaten, bis sie vollständig püriert und cremig sind. Falls nötig, verwende einen Spatel, um die Zutaten von den Seiten des Mixers zu kratzen.

4. Probiere das Sorbet und füge gegebenenfalls mehr Erythrit hinzu, falls du es süßer möchtest. Mixe es erneut, bis das Erythrit vollständig eingearbeitet ist.

5. Fülle die Masse in eine geeignete Gefrierdose und lasse sie mindestens 2 Stunden gefrieren, bis sie fest ist.

6. Vor dem Servieren das Sorbet einige Minuten bei Raumtemperatur stehen lassen, um es leichter portionieren zu können. Mit frischen Minzblättern garnieren, wenn du magst, und sofort genießen.

Getränke und Smoothies

Spinat-Smoothie

Zubereitungszeit: 10 Minuten
Portionen: 1 Smoothie

Zutaten:

- 80 g frischer Spinat, gewaschen
- 1 mittelgroßer Apfel, gewaschen, entkernt und in grobe Stücke geschnitten
- 100 g Salatgurke, gewaschen und in Scheiben geschnitten
- 1 kleines Stück Ingwer (etwa 2 cm), geschält und fein gerieben
- 200 ml Kokoswasser, gut gekühlt
- Saft von einer halben Bio-Zitrone
- Einige Eiswürfel (optional)
- 1 EL Chia-Samen

Zubereitung:

1. Du beginnst damit, den Spinat, den Apfel und die Gurke in den Mixer zu geben.

2. Jetzt fügst du den frisch geriebenen Ingwer hinzu.

3. Danach gießt du das kalte Kokoswasser und den frischen Zitronensaft in den Mixer. Wenn du möchtest, kannst du auch einige Eiswürfel für einen extra erfrischenden Kick hinzufügen.

4. Mixe alles gut durch, bis dein Smoothie eine cremige und gleichmäßige Konsistenz hat.

5. Am Schluss fügst du die Chia-Samen hinzu und rührst deinen Smoothie noch einmal gut um.

6. Nun kannst du deinen Smoothie genießen. Wenn du möchtest, kannst du den Smoothie mit ein paar Scheiben Gurke oder Apfel garnieren.

Karotten-Smoothie

Zubereitungszeit: 10 Minuten
Portionen: 1 Smoothie

Zutaten:

- 2 große Karotten (geschält und in Stücke geschnitten)
- 1 EL frisch geriebener Ingwer
- 200 ml kaltes Wasser
- 50 g frischer Spinat, gewaschen
- 1 reife Banane, geschält
- 1 EL frischer Bio-Zitronensaft
- 1 EL geschälte Hanfsamen
- 1 TL gemahlener Kurkuma
- Eine Prise Salz

Zubereitung:

1. Nimm deinen Mixer und gib die Karottenstücke hinein.
2. Füge den frisch geriebenen Ingwer hinzu.
3. Gib das kalte Wasser dazu. Du kannst mehr Wasser hinzufügen, wenn du deinen Smoothie lieber flüssiger magst.
4. Füge jetzt den frischen Spinat hinzu.
5. Schäle die Banane und füge sie zu den restlichen Zutaten in den Mixer.
6. Gib den frischen Zitronensaft, die geschälten Hanfsamen, den gemahlenen Kurkuma und eine Prise Salz in den Mixer.
7. Schließe den Deckel des Mixers und mixe alles auf höchster Stufe für etwa 2 Minuten oder bis alle Zutaten gut vermischt und der Smoothie schön cremig ist.
8. Gieße den Smoothie in dein Lieblingsglas.

Grünkohl-Smoothie

Zubereitungszeit: 10 Minuten
Portionen: 1 Smoothie

Zutaten:

- 2 Handvoll Grünkohl, gewaschen und von den Stielen befreit
- 1 reife Banane, in Stücke geschnitten
- 1/2 reife Mango, geschält und in Würfel geschnitten
- 250 ml Mandelmilch, ungesüßt
- 1 EL Chiasamen, optional
- 1 TL frischer Ingwer, fein gehackt
- 1 EL frischer Bio-Zitronensaft
- 1 Handvoll Eiswürfel

Zubereitung:

1. Starte damit, den Grünkohl gründlich zu waschen und ihn von den dicken Stielen zu entfernen.

2. Schäle die Banane und Mango und schneide sie in mundgerechte Stücke.

3. Gib nun den Grünkohl, die Banane, Mango, Mandelmilch, Chiasamen, frischen Ingwer und Zitronensaft in deinen Mixer.

4. Lass alles für etwa 2 Minuten auf hoher Stufe laufen, bis der Smoothie eine gleichmäßig grüne Farbe annimmt und keine Stückchen mehr zu sehen sind.

5. Füge abschließend die Eiswürfel hinzu und mixe noch einmal kurz durch.

6. Gieße den fertigen Smoothie in ein großes Glas.

Beeren-Smoothie mit Joghurt

Zubereitungszeit: 10 Minuten
Portionen: 1 Smoothie

Zutaten:

- 100 g gemischte Beeren, frisch oder tiefgekühlt
- 100 g griechischer Joghurt
- 1/2 reife Avocado
- 3-4 frische Minzblätter
- 100 ml Mandelmilch, ungesüßt
- 1 EL Chia-Samen
- 1 TL Vanilleextrakt

Zubereitung:

1. Bereite alle Zutaten vor. Die Beeren kannst du frisch verwenden oder vorab tiefgekühlt haben. Schäle die halbe Avocado und entferne den Kern.

2. Gib zuerst den griechischen Joghurt in den Mixer. Füge dann die Beeren, die halbe Avocado, die Minzblätter, die Mandelmilch, die Chia-Samen und das Vanilleextrakt hinzu.

3. Mixe alle Zutaten auf hoher Stufe, bis der Smoothie eine gleichmäßige und cremige Konsistenz erreicht.

4. Gieße den Smoothie in ein Glas und genieße ihn sofort. Für ein extra frisches Erlebnis kannst du auch ein paar Eiswürfel hinzufügen.

Früchte-Eistee

Zubereitungszeit: 15 Minuten
Portionen: 1 Liter Eistee

Zutaten:

- 1 Liter Wasser
- 2 EL loser grüner Tee
- 1 frische Bio-Zitrone, halbiert und gepresst
- 1 kleiner Apfel, gewürfelt
- 2 frische Erdbeeren, gewürfelt
- 1 reife Pfirsich, gewürfelt
- 6 frische Minzblätter, fein gehackt
- Einige Eiswürfel
- Einige frische Beeren und Bio-Zitronenscheiben zur Dekoration

Zubereitung:

1. Koch das Wasser in einem Wasserkocher oder auf dem Herd.

2. Gieß das heiße Wasser über den grünen Tee und lass den Tee etwa 3 Minuten ziehen.

3. Presse währenddessen die Zitrone aus und würfle die Früchte.

4. Nach der Ziehzeit seihe den Tee ab und lass ihn etwas abkühlen.

5. Gib den frisch gepressten Zitronensaft, die Apfel-, Erdbeer- und Pfirsichwürfel sowie die fein gehackte Minze zum Tee hinzu.

6. Stelle den Tee für mindestens eine Stunde in den Kühlschrank, damit er richtig durchziehen kann.

7. Kurz vor dem Servieren füge einige Eiswürfel hinzu und dekoriere das Getränk mit ein paar frischen Beeren und Zitronenscheiben.

8. Genieß deinen selbstgemachten Früchte-Eistee eiskalt.

Kürbis-Smoothie

Zubereitungszeit: 10 Minuten
Portionen: 1 Smoothie

Zutaten:

- 200 g Hokkaido-Kürbis, geschält und in Würfel geschnitten
- 1 reife Banane, in Scheiben geschnitten
- 250 ml Mandelmilch, ungesüßt
- 1 TL Zimtpulver
- 1 TL Vanilleextrakt
- 1 EL Chiasamen

Zubereitung:

1. Koch das Kürbisfleisch in einem kleinen Topf mit Wasser für etwa 5 Minuten, bis es weich ist. Lass es danach gut abtropfen und abkühlen.

2. Gib die abgekühlten Kürbiswürfel, Bananenscheiben, Mandelmilch, Zimtpulver und Vanilleextrakt in einen Mixer.

3. Mixe alles gut durch, bis der Smoothie eine glatte Konsistenz hat.

4. Gib nun die Chiasamen hinzu und mixe nochmals kurz durch.

5. Gieße den Smoothie in ein Glas und lass ihn kurz stehen, damit die Chiasamen quellen können.

6. Genieße deinen erfrischenden Kürbis-Smoothie!

Avocado-Smoothie

Zubereitungszeit: 15 Minuten
Portionen: 1 Smoothie

Zutaten:

- 1 reife Avocado, halbiert und entkernt
- 60 g frischen Spinat, gewaschen und trocken geschleudert
- 100 g frische Ananas, geschält und in Stücke geschnitten
- 240 ml Mandelmilch, ungesüßt
- 15 g Chiasamen
- 1 TL Bio-Limettensaft
- Ein kleines Stück Ingwer (ca. 1 cm), geschält und fein gehackt
- 1 Prise Meersalz

Zubereitung:

1. Schnapp dir deinen Mixer. Gib zuerst die Avocadohälften hinein.

2. Füge nun den frischen Spinat und die Ananasstücke hinzu.

3. Jetzt gießt du die Mandelmilch dazu. Achte darauf, dass alles gut bedeckt ist.

4. Streue die Chiasamen über die anderen Zutaten.

5. Gib den Limettensaft und das fein gehackte Ingwerstück dazu.

6. Zu guter Letzt, füge eine Prise Meersalz hinzu. Dies wird den Geschmack der Früchte hervorheben.

7. Schalte den Mixer auf mittlere Stufe ein und mixe alle Zutaten gut durch. Wenn alles gut vermischt ist, erhöhe die Geschwindigkeit auf die höchste Stufe und mixe weitere 2 Minuten, bis der Smoothie glatt und cremig ist.

Infused Water

Zubereitungszeit: 15 Minuten
Portionen: 1 Liter

Zutaten:

- 1 frische Bio-Limette, in Scheiben geschnitten
- 1/2 frische Gurke, in dünne Scheiben geschnitten
- 5 Minzblätter, frisch und gewaschen
- 1 Liter kaltes Wasser

Zubereitung:

1. Wasche zuerst die Limette und die Gurke gründlich unter fließendem Wasser.

2. Schneide danach die Limette in dünne Scheiben und lege sie beiseite.

3. Nimm nun die Gurke zur Hand. Halbiere sie und schneide eine Hälfte in dünne Scheiben.

4. Die frischen Minzblätter reißt du einfach mit den Händen in grobe Stücke.

5. Als nächstes nimmst du eine große Kanne und füllst sie mit dem kalten Wasser.

6. Gib die geschnittenen Limetten- und Gurkenscheiben sowie die Minzblätter in das Wasser in der Kanne.

7. Rühre das Ganze gut um, damit sich die Aromen der Zutaten im Wasser verteilen können.

8. Lass das Infused Water für mindestens 2 Stunden im Kühlschrank durchziehen, damit sich die Aromen voll entfalten können.

9. Serviere das Infused Water gekühlt. Genieße die erfrischende Wirkung.

Ingwer-Tee

Zubereitungszeit: 15 Minuten
Portionen: 1 Person

Zutaten:

- 2 EL frisch geriebener Ingwer
- 1 Bio-Zitrone
- 500 ml Wasser
- 1 EL Erythrit
- Eine Prise Cayennepfeffer

Zubereitung:

1. Zuerst die Zitrone heiß abwaschen und die Schale abreiben. Die Zitrone dann halbieren und den Saft auspressen.

2. Das Wasser in einem kleinen Topf zum Kochen bringen. Den geriebenen Ingwer ins kochende Wasser geben und bei mittlerer Hitze 10 Minuten köcheln lassen.

3. Nach 10 Minuten den Topf vom Herd nehmen und den Zitronensaft sowie die Zitronenschale hinzufügen. Mit Erythrit und einer Prise Cayennepfeffer abschmecken.

4. Den Tee durch ein Sieb gießen, um den Ingwer zu entfernen. Den Tee in deine Lieblingstasse gießen und genießen.

Mango-Smoothie

Zubereitungszeit: 10 Minuten
Portionen: 1 Smoothie

Zutaten:

- 1 reife Mango, geschält und in Würfel geschnitten (ca. 200 g)
- 120 g Naturjoghurt
- 200 ml Mandelmilch, ungesüßt
- 1 EL Chia-Samen
- 1 TL Vanilleextrakt
- Eiswürfel nach Belieben (optional)

Zubereitung:

1. In einem Mixer fügst du die Mangowürfel, den Naturjoghurt und die Mandelmilch hinzu.
2. Gib danach die Chia-Samen und den Vanilleextrakt hinzu.
3. Mixe alles gut durch, bis du eine glatte und cremige Konsistenz erhältst.
4. Je nach Vorliebe kannst du jetzt Eiswürfel hinzufügen und noch einmal kurz mixen, bis diese zerkleinert sind.
5. Gieße deinen Smoothie in ein großes Glas.

Saucen und Dips

Avocado-Hummus

Zubereitungszeit: 15 Minuten
Portionen: 1 Person

Zutaten:

- 1 reife Avocado, entkernt und Fruchtfleisch aus der Schale gelöst
- 100 g Kichererbsen aus der Dose, abgespült und abgetropft
- Saft von einer halben Bio-Zitrone
- 1 EL natives Olivenöl extra
- 1 kleine Knoblauchzehe, fein gehackt
- 1/2 TL Kreuzkümmel, gemahlen
- Salz und Pfeffer nach Geschmack
- Ein paar Blätter frische Petersilie, grob gehackt, zur Garnierung
- 1 Prise Cayennepfeffer zur Garnierung

Zubereitung:

1. Nimm eine Küchenmaschine oder einen leistungsfähigen Mixer zur Hand.

2. Gib das Fruchtfleisch der Avocado, die Kichererbsen, den Zitronensaft, das Olivenöl, die Knoblauchzehe und den Kreuzkümmel hinein.

3. Mixe alles auf hoher Stufe, bis du eine glatte Masse erhältst. Du könntest zwischendurch mit einem Löffel an den Seiten des Mixers entlangfahren, um sicherzustellen, dass alle Zutaten gut gemischt werden.

4. Schmecke den Hummus mit Salz und Pfeffer ab und mixe erneut, um die Gewürze gut zu verteilen.

5. Fülle den Avocado-Hummus in eine Schüssel und garniere ihn mit der gehackten Petersilie und einer Prise Cayennepfeffer.

Tomaten-Salsa mit Chili

Zubereitungszeit: 20 Minuten
Portionen: 1 Person

Zutaten:

- 2 mittelgroße Tomaten, gewürfelt
- 1 kleine rote Zwiebel, fein gehackt
- 1 frische rote Chili, entkernt und fein gehackt
- 1 Bio-Limette, nur Saft
- 1 EL natives Olivenöl extra
- 2 EL frischer Koriander, gehackt
- Salz und Pfeffer nach Geschmack

Zubereitung:

1. Schneide zuerst die Tomaten in kleine Würfel. Dabei achte darauf, dass alle Stücke etwa die gleiche Größe haben, um eine gleichmäßige Textur zu erreichen.

2. Hacke die rote Zwiebel fein und die rote Chili nach dem Entkernen. Achte dabei auf deine Hände, denn Chili kann brennen.

3. Nun gibst du die vorbereiteten Zutaten in eine Schüssel. Presse den Saft der Limette hinzu und füge das Olivenöl hinzu.

4. Mische alles gut durch und gib den gehackten Koriander hinzu.

5. Nun fehlt nur noch das Würzen: Schmecke die Salsa mit Salz und Pfeffer ab. Du kannst nach Belieben mehr Chili oder Limettensaft hinzufügen.

6. Lass die Salsa mindestens 10 Minuten ziehen, damit sich die Aromen entfalten können.

Tsatsiki mit Gurken und Knoblauch

Zubereitungszeit: 15 Minuten
Portionen: 1 Person

Zutaten:

- 1/2 mittelgroße Gurke, gewaschen und fein gerieben
- 2 EL frischer Dill, gewaschen und fein gehackt
- 200 g griechischer Joghurt
- 2 kleine Knoblauchzehen, geschält und fein gehackt
- 1 TL natives Olivenöl extra
- Salz und Pfeffer nach Geschmack
- Ein Spritzer Bio-Zitronensaft

Zubereitung:

1. Die fein geriebene Gurke legst du in ein Sieb und lässt sie 10 Minuten abtropfen, um überschüssige Feuchtigkeit zu entfernen. Drücke dann leicht darauf, um noch mehr Wasser herauszudrücken.

2. Während die Gurke abtropft, nimm eine mittelgroße Schüssel und mische den griechischen Joghurt, den fein gehackten Knoblauch, das Olivenöl und den Dill darin.

3. Füge die abgetropfte Gurke hinzu und mische alles gut durch.

4. Verfeinere das Tsatsiki mit Salz, Pfeffer und einem Spritzer Zitronensaft.

5. Lass den Dip mindestens eine Stunde im Kühlschrank ziehen, damit sich die Aromen optimal entfalten können.

BBQ-Sauce

Zubereitungszeit: 20 Minuten
Portionen: 1 Person

Zutaten:

- 1 große Zwiebel, fein gewürfelt
- 2 Knoblauchzehen, gehackt
- 2 EL natives Olivenöl extra
- 200 g Tomaten aus der Dose, passiert
- 1 EL Apfelessig
- 1 TL scharfer Senf
- 1 TL Sojasauce
- 1 TL Paprika, gemahlen
- 1 TL Chiliflocken
- Salz und Pfeffer nach Geschmack
- 1 TL Erythrit, optional

Zubereitung:

1. Erhitze das Olivenöl in einer kleinen Pfanne bei mittlerer Hitze. Gib die gewürfelte Zwiebel und den gehackten Knoblauch dazu und brate sie an, bis sie weich und goldbraun sind.

2. Füge die passierten Tomaten, Apfelessig, scharfen Senf, Sojasauce, gemahlene Paprika, Chiliflocken, Salz und Pfeffer hinzu. Rühre alles gut durch und bringe die Mischung zum Kochen.

3. Sobald die Sauce kocht, reduziere die Hitze und lasse sie 10 Minuten lang köcheln. Rühre gelegentlich um, damit nichts anbrennt.

4. Wenn du möchtest, füge Erythrit hinzu und rühre es gut ein. Lass die Sauce weitere 2 Minuten köcheln.

5. Nimm die Pfanne vom Herd und lass die Sauce abkühlen. Die Sauce wird beim Abkühlen dicker.

Guacamole mit Limettensaft

Zubereitungszeit: 15 Minuten
Portionen: 1 Person

Zutaten:

- 1 reife Avocado, geschält und entkernt
- Saft einer halben Bio-Limette
- 1 EL gehackte rote Zwiebel
- 1 kleine Tomate, fein gewürfelt
- 1 TL gehackte frische Petersilie
- Eine Prise Salz
- Eine Prise frisch gemahlener schwarzer Pfeffer

Zubereitung:

1. Die Avocado in eine Schüssel geben und mit einer Gabel zu einer groben Masse zerdrücken.

2. Die rote Zwiebel, die Tomate und die Petersilie hinzufügen und alles gut vermengen.

3. Den Limettensaft darüber träufeln und erneut gut durchmischen.

4. Mit Salz und Pfeffer abschmecken und die Guacamole bis zum Servieren im Kühlschrank aufbewahren.

Knoblauch-Joghurtsauce

Zubereitungszeit: 10 Minuten
Portionen: 1 Person

Zutaten:

- 1 EL fein gehackter frischer Knoblauch
- 120 g Naturjoghurt
- 1 TL Bio-Zitronensaft
- 1 EL gehackte frische Petersilie
- 1 TL Dijon-Senf
- Salz und Pfeffer nach Geschmack

Zubereitung:

1. Nimm eine kleine Schüssel und gebe den frisch gehackten Knoblauch hinein.

2. Füge nun den Naturjoghurt hinzu und verrühre alles gut miteinander.

3. Gib den Zitronensaft, die gehackte Petersilie und den Dijon-Senf dazu. Wieder gut vermischen.

4. Schmecke die Sauce mit Salz und Pfeffer ab, bis sie genauso schmeckt, wie du sie magst.

5. Lasse die Sauce für etwa 5 Minuten stehen, damit sich die Aromen verbinden können. Nach der Wartezeit ist deine Knoblauch-Joghurtsauce fertig.

Balsamico-Dressing für Salate

Zubereitungszeit: 10 Minuten
Portionen: 1 Person

Zutaten:

- 30 ml Balsamico Essig
- 20 ml natives Olivenöl extra
- 1 kleine Schalotte, fein gehackt
- 1 TL Dijon-Senf
- Eine Prise Salz
- Eine Prise frisch gemahlener schwarzer Pfeffer
- 1 TL frische Bio-Zitronenschale, fein gerieben

Zubereitung:

1. Die Schalotte schälen und fein hacken.

2. In einer kleinen Schüssel Balsamico Essig, Olivenöl und Dijon-Senf vermischen.

3. Die fein gehackte Schalotte, Salz, Pfeffer und Zitronenschale hinzufügen.

4. Alles gut verrühren, bis die Zutaten gut vermengt sind.

5. Vor dem Servieren das Dressing einige Minuten ruhen lassen, damit die Aromen sich entfalten können.

Italienische Tomatensauce für Pasta

Zubereitungszeit: 20 Minuten
Portionen: 1 Person

Zutaten:

- 250 g reife Kirschtomaten, halbiert
- 1 EL natives Olivenöl extra
- 1 kleine Zwiebel, fein gewürfelt
- 2 Knoblauchzehen, fein gehackt
- 1 kleiner roter Chili, entkernt und fein gehackt (optional)
- 1 TL frisch gehackter Oregano
- 1 TL frisch gehackter Basilikum
- Salz und Pfeffer nach Geschmack
- 120 ml Gemüsebrühe ohne Zuckerzusatz

Zubereitung:

1. Erhitze das Olivenöl in einer mittelgroßen Pfanne bei mittlerer Hitze. Füge die fein gewürfelte Zwiebel hinzu und dünste sie, bis sie weich und glasig ist. Das dauert etwa 5 Minuten.

2. Füge den fein gehackten Knoblauch und den roten Chili (wenn du möchtest) zur Pfanne hinzu und brate sie weitere 2 Minuten mit der Zwiebel.

3. Gib nun die halbierten Kirschtomaten, den Oregano und den Basilikum in die Pfanne. Rühre gut um und lasse alles 5 Minuten köcheln, bis die Tomaten weich werden und anfangen, ihren Saft abzugeben.

4. Füge die Gemüsebrühe hinzu und lasse die Sauce nochmals 5 Minuten köcheln, bis sie etwas eingedickt ist. Schmecke mit Salz und Pfeffer ab.

5. Gieße die Sauce über deine gekochte Pasta und genieße sie sofort.

Tomaten-Chutney mit Chili

Zubereitungszeit: 30 Minuten
Portionen: 1 Person

Zutaten:

- 300 g frische Kirschtomaten, gewaschen und halbiert
- 1 frische rote Chili, entkernt und fein gehackt
- 1 Zwiebel, geschält und gewürfelt
- 1 Knoblauchzehe, geschält und fein gehackt
- 2 EL Weißweinessig
- 1 EL natives Olivenöl extra
- Salz und schwarzer Pfeffer zum Abschmecken

Zubereitung:

1. In einer mittelgroßen Pfanne das Olivenöl erhitzen. Die Zwiebel und den Knoblauch darin etwa 5 Minuten dünsten, bis sie weich und glasig sind.

2. Die gehackte Chili und die Tomaten hinzufügen. Alles gut umrühren, um die Zutaten zu vermischen.

3. Weißweinessig in die Pfanne gießen. Das Ganze mit Salz und Pfeffer abschmecken.

4. Die Hitze reduzieren und das Chutney 20 Minuten lang köcheln lassen. Gelegentlich umrühren, um sicherzustellen, dass nichts anbrennt.

5. Das Chutney ist fertig, wenn die Tomaten weich und die Flüssigkeit weitgehend reduziert ist.

Zitronen-Dill-Sauce für Fisch

Zubereitungszeit: 15 Minuten
Portionen: 1 Person

Zutaten:

- 1 frische Bio-Zitrone, Saft und Abrieb
- 1 EL frischer Dill, gehackt
- 100 g Schmand
- 1 kleine Schalotte, fein gewürfelt
- 1/4 TL Salz
- 1/4 TL schwarzer Pfeffer

Zubereitung:

1. Die Schalotte schälen und sehr fein würfeln.
2. Die Zitrone waschen, abreiben und den Saft auspressen.
3. Den Dill waschen, trocknen und hacken.
4. Nun den Schmand in eine kleine Schüssel geben. Den Zitronensaft, den Zitronenabrieb, den gehackten Dill und die gewürfelte Schalotte hinzufügen.
5. Alles gut mit einem Löffel umrühren, bis alle Zutaten gut vermischt sind.
6. Mit Salz und Pfeffer abschmecken. Bei Bedarf mehr hinzufügen.
7. Die Sauce kurz stehen lassen, damit sich die Aromen entfalten können. Sie kann direkt verwendet oder im Kühlschrank aufbewahrt werden.

Schlusswort

Liebe Leserin, lieber Leser,

Ich hoffe, dass jedes Rezept, das du ausprobiert hast, ein Schritt auf deinem Weg zu einer bewussteren und gesünderen Ernährungsweise war. Mögen diese Seiten dich inspiriert haben, dich kreativ in der Küche auszuleben, zu experimentieren und vielleicht sogar deine eigenen Rezepte zu kreieren.

Dieses Buch ist mehr als nur eine Sammlung von Rezepten; es ist ein Ausdruck der Überzeugung, dass leckeres Essen und Gesundheit Hand in Hand gehen können. Gesundheit ist kein Zustand, sondern ein fortlaufender Prozess. Und jeder kleine Schritt, jede einzelne Entscheidung, die wir treffen, führt uns auf diesem Weg weiter.

In diesem Sinne möchte ich dich ermutigen, weiterhin Neues auszuprobieren, deine Grenzen in der Küche zu erweitern und vor allem, Freude am Kochen und Essen zu haben. Und denke daran: Das Wichtigste ist nicht das perfekte Gericht, sondern die Liebe und Sorgfalt, die wir hineinstecken.

Deine Carina Lehmann

Impressum

9 783384 214133